말이 힘든 ──────── 당신에게
관계의 물꼬를 트는 5가지 언어의 기술

말
마
중

관계의 물꼬를 트는 5가지 언어의 기술

말마중

초판 1쇄 발행   2021년 12월 20일
초판 2쇄 발행   2022년 1월 20일

지은이   김진 임하나 한수정 채보미 이명제
펴낸이   박남균

펴낸곳   북앤미디어 디엔터
등록   2019. 7. 8. 제2019-000090호
주소   서울시 영등포구 국회대로 675, 9층
전화   02)2038-2447
팩스   070)7500-7927
홈페이지   the-enter.com

기획 / 책임   김혜숙
편집   박희라
디자인   김은주
일러스트   이원아
해외출판   이재덕

ⓒ 김진 임하나 한수정 채보미 이명제, 2021, Printed in R.O.Korea
이 책은 신저작권법에 의해 보호를 받는 저작물입니다. 저자와 북앤미디어
디엔터의 서면 허락 없이 내용의 일부를 인용하거나 발췌하는 것을 금합니다.
제본, 인쇄가 잘못되거나 파손된 책은 구매하신 곳에서 교환해 드립니다.

ISBN 979-11-967612-8-8 (13320)
정가 16,000원

이 도서의 국립중앙도서관 출판예정도서목록(CIP)은 서지정보유통지원시스템
홈페이지(http://seoji.nl.go.kr)와 국가자료종합목록 구축시스템(http://
kolis-net.nl.go.kr)에서 이용하실 수 있습니다.

말이 힘든 ─────── 당신에게
관계의 물꼬를 트는 5가지 언어의 기술

말
마
중

김진 임하나 한수정 채보미 이명제 지음

북앤미디어 디엔터
Book&Media

말이 힘든 ───── 당신에게

말 잘하는 법, 화법, 화술,
경청, 커뮤니케이션, 소통….

좋은 말의 주고받음은 '관계에 긍정적 에너지의 선순환'으로 이어진다. 마치 내가 오늘 하루 근사하게 차려입음으로 인해서 생기는 나의 만족과 자신감이, 날 보는 사람의 칭찬과 호감으로 이어져 서로 간의 정서적 소통도, 또 설득하려던 일도 매끄럽게 잘 이어지게 되는 것처럼 말이다. 말을 균형감 있게 잘 듣고 잘 전달하면 내가 어디서 무엇을 하든 멋지고 근사한 사람이 된다. 그렇게 되고 싶은 분들께 추천한다.

이정훈_이든앤앨리스마케팅 대표이사

말이 넘치는 세상이다. 말 잘하는 요령과 듣기 기술은 있을까? '말마중'은 이런 궁금증을 해결해 주고 사람의 유형과 상황에 따라 어떻게 말을 해야 하는지 솔루션을 제시해 준다. 말하기와 듣기가 기술이지만, 결국은 '인격'이라는 생각이 틀리지 않음을 확인한다. 말하는 게 직업인 5인의 생생한 경험과 노하우가 담긴 이 책을 통해 말 잘하는 사람이 되어 보자.

박선홍_언론정보학 박사/전 동아일보 기자

나도 말만큼은 어디 가서 지지 않는 말 잘하는 개그우먼으로 통하는데 요즘 가끔 언어를 구사할 때 방지 턱에 '턱' 걸릴 때가 있다. 이 책에서 그 해답을 찾았다. 말 많은 (진짜 말만 많은) 인플루언서들이 넘쳐나는 요즘 귀가 현기증을 느낀다. 그들에게 이 책을 권해주고 싶다. 단언컨대, 이 책을 읽은 독자들은 '이 책 때문'이 아닌 '이 책 덕분'에 말할 맛이 난다고 말하게 될 것이다. 느낌 아니까!

박수림_KBS 개그우먼/쇼호스트/방송인

사회 문화적 변화에 따라 교육 환경과 방법도 달라졌다. 대학교에서도 프로젝트 학습을 다양하게 수행함에 따라 팀원들과 소통하고 본인의 생각을 발표해야 하는 상황이 많아졌다. 하지만 많은 학생들은 발표에 두려움을 갖고 있으며, 소통을 통한 문제해결 능력이 해마다 떨어지고 있다. 실무 현장에서 시행착오를 줄이고 원만한 사회활동을 위해서 효과적인 의사소통 능력은 무엇보다 중요하다. 미래 우리나라의 대표가 될 젊은이들에게 의사소통 능력을 위한 훌륭한 지침이 될 것이다.

이언영_장안대학교 디자인학부 스타일리스트과 교수

이 책은 방송인뿐만 아니라 말로 자신을 표현하고 말로 영업하고 말을 통해 세상과 소통하는 사람들이 읽어야 하는 필독서라 생각한다. 언령(말에도 영혼이 깃들어 있음)의 힘이 있기에 시기적절한 화술 화법을 통해 말로써 힘을 얻길 바란다.

라윤경_MBC 개그우먼/가수/배우

말은 의사소통을 위한 단순한 도구에서 그치지 않고 나 자신을 표현할 수 있는 아주 강력한 무기이다. 한 사람의 첫인상이 잘 정돈된 외모에서 결정된다면, 지속적인 관계에서 그 사람에 대한 이미지와 평판은 바로 말에서 비롯된다. 단언컨대, 이 책은 타인에게는 신뢰감을, 나 자신에게는 자신감을 그리고 관계에 있어서는 소통의 기술을 제대로 알려주는 선물 같은 책이 될 것이다.

김동현_세종특별자치시교육청교육원 주무관

말로 먹고사는 말(름) 선수들이 쓴 책인 만큼 건강한 인간관계, 매력적인 말하기를 제대로 배울 수 있는 인생 최고의 책이 될 것이다. 공적인 자리에서 떨지 않고 당당하게 말하고 싶다면, 나와의 다름을 인정하고 상대를 존중하는 말하기를 배우고 싶다면 꼭 읽어 보라고 권하고 싶다.

박찬송_KBS 충주 방송국 아나운서

인간관계와 사회 활동에 있어 해답을 얻을 수 있는 책이다. 소통과 경청 등 사회적 관계에 꼭 필요한 '말하기' 스킬을 일상적 말로 유쾌히 풀어나가며 '말'과 관련한 유익한 정보를 담고 있다. 필자들의 경험을 간접적으로 체험하며 나의 상황에 적용할 수 있는 말의 스킬을 배움으로써 '말'이 필수인 대학 생활에 큰 도움을 받았다. '말'은 우리 삶의 필수적 부분이라는 점에서 말하기 능력을 발전시키고픈 모든 분들께 이 책을 추천한다.

전은서_서울대학교 교육학과 21학번

"죽기 전에 말 한번 잘해봤으면 소원이 없겠습니다. 어떻게 하면 말을 잘할 수 있을까요?"

"말을 잘하려면 타고나야 하나요? 안 떨면서 말 잘하는 방법 좀 알려주세요."

"사람 만나는 게 어려워요. 일보다 사람이 더 힘듭니다."

"내 말은 그게 아닌데, 왜 이렇게 말이 안 통하는지 모르겠어요."

"사람들 앞에서 말해야 하면 며칠 전부터 잠을 못 자요. 극복할 수 있을까요?"

"좋은 목소리 타고난 사람들 정말 부러워요. 목소리도 바꿀 수 있을까요?"

살아가면서 마주하게 되는 문제 중 의외로 말 때문에 빚는 마찰과 말로 인한 고민은 생각보다 많다. 사람들이 호소하는 '말'에 대한 스트레스는 그 종류도 다양하다. 그러나 아이러니하게도 '말' 때문에 생긴 문제와 갈등을 해결할 수 있는 것 또한 '말'이다. 중요한 것은 어떻게 말하느냐에 달려 있다.

"말 한마디로 천 냥 빚을 갚는다."라는 속담처럼 불가능하다고 생각했던 일도 말을 잘하면 해결할 수도 있다. 그만큼 세상을 살아가는 데 있어서 말하기 능력이 중요하다. 하지만 놓쳐서는 안 될 게 있다. '말만' 잘하는 게 아니라 '말도' 잘할 때 분명 내가 원하는 것을 더 쉽게 이룰 수 있다. 말하기가 달라지면 인생도 달라진다. "뭐가 그렇게 거창해?"라고 하겠지만 말로 먹고사는 저자 다섯 명이 그동안 코칭하면서 만나온 사람들만 봐도 알 수 있다.

우리는 학교에서 언어에 대한 교육은 받았지만 구체적으로 '말하는 방법'에 대해 배운 적은 없다. 스피치 학원이 우후죽순 생겨나고 서점에는 스피치 관련 책들이 넘쳐나고 있다. 꼭 말을 업으로 삼지 않더라도 우리들의 삶에 있어서 꽤 깊숙이 그리고 중요하게 자리잡고 있는 것이 바로 말하기다. 스피치의 중요성과 가치가 높은 시대에 살고 있는 만큼 말을 잘하고 싶은 사람들의 욕구도 계속 커지고 있다.

이 책을 다 읽고 나면 말 때문에 생긴 스트레스와 말 고민에서 한층 더 자유로워질 수 있을 뿐 아니라 말 덕분에 좋은 일이 더 많이 생길 것이다. 기억하자. 말을 잘한다는 것이 결코 쉬운 일은 아니지만 그렇다고 불가능한 일도 아니라는 것을 말이다. 충분히 변화하고 성장할 수 있다.

말하기는 운전과도 비슷하다. 초보 운전자에게는 지나가는 풍경이 눈에 들어올 리 만무하다. 하지만 어느 정도 숙달되면 창밖의 계절 변화도 느낄 수 있으며, 커피 한 모금 들이키며 음악에 맞춰 둠칫둠칫 어깨춤까지 출 수 있는 여유가 생긴다. 말하기 훈련도 처음에는 어색하고 두렵지만 바뀔 수 있다는 확고한 믿음을 갖고 꾸준히 연습한다면 확실히 실력은 향상된다. 나만, 책에 남긴 서사들의 소언을 그서 눈으로만 보고 머리로만 이해해서는 안 된다는 것을 유념해야 한다. 꼭 행동으로 옮겨야 한다. 그래야만 낯설고 어색한 순간순간의 반복적인 연습이 쌓여서 자신의 것이 되고, 또 본인만의 말하기 스킬이 확립될 것이다. 그리고 어느 순간이 되면 말하기가 피하고 싶은 것이 아니라 당신의 삶을 더 가치 있게 빛내줄 훌륭한 도구가 되어 있을 것이다. 정말 짜릿하지 않은가? 오늘, 지금 내가 던진 말 한마디가 곧 나 자신이라는 것을 명심하자. 나의 인품이며 나의 능력이며 나의 인생이다. 다시 말해 나의 말 한마디가 나를 어디로 데려갈지는 '말하기 능력'에 달려 있다.

다들 궁금할 것이다. 사람들은 어떻게 발표 불안을 극복하고 성공적인 대중 연설을 하게 됐는지, 사람 좋다는 평을 들으면서 일도 잘하는 사람들은 도대체 어떻게 말하고 행동하는지, 또 말이 잘 통하는 사람, 인간관계 관리를 잘하는 사람들은 어떻게 하는 건지, 목소리 좋고 말발 좋은 사람들의 말 잘하는 요령과 듣기 기술은 무엇이 다른지 말이다. 이 책 안에 이러한 궁금증을 해결해 줄 답은 물론이고 솔루션까지 모두 담았다. 그뿐 아니라 사람의 심리가 담긴 몸짓 언어 해석을 바탕으로 하는 효과적인 소통의 기술과 사람의 유형과 상황에 따라 어떻게 말을 전략적으로 할 수 있는지에 대한 대화의 기술까지 모두 배울 수 있다.

말하기 능력을 성장시키고 싶다면 말로 먹고사는 저자들의 경험과 노하우가 담긴 이 책을 통해 터득해 보자. 그동안 어렵다고 생각했던, 그러나 간절히 이루고 싶었던 말 좀 잘해 보고 싶었던 그 마음, 그 꿈, 그 목표를 더 이상 미루지 말고 지금부터 시작하자. 지금이 바로 실천으로 옮길 때다. 전략적 말하기 기술이 부족하고 인간관계로 힘들어하는 사람에게 이보다 좋은 책은 없을 것이다.

'말 잘하는 기술'에서 그치는 것이 아니라 '잘 말하는 기술'까지 담은 이 책을 다섯 명의 저자와 함께 한 호흡으로 실천했으면 한다. 잘 말하는 사람들? 부러워만 하지 말고 이제 우리가 부러움의 대상이 되어 보자.

저자 일동

01

유형별
소통 대화법

결국 소통이 답이다

"왜 너랑 나랑은 안 맞는 걸까?"

공자는 이립(而立, 서른)이 되면 마음이 확고하게 도덕 위에 서서 움직이지 않는다고 했다. 역시 석학은 아무나 하는 것이 아닌가 보다. 필자의 마음은 그맘때쯤 아주 줏대가 없었고, 불혹에 다가가는 지금도 여전히 국기 게양대 위의 태극기마냥 바람 불 때마다 펄럭인다. 다른 사람의 말 한마디, 별거 아닌 행동에 상처받고 싶지 않은데 그게 참 쉽지 않다. 그런데 도덕 위에 선 마음이라니….

사회생활을 하다 보면 나랑 맞지 않는 사람, 그래서 피곤하고 싫은 사람 한두 명쯤은 있다. 가뜩이나 안 맞는데 일로 계속 부딪히는 상황이라면, 그 사람 생각하면서 애창곡처럼 읊조리는 욕설 몇 마디는 누구나 갖고 있지 않을까?

살다 보면 "내 마음 같지 않구나." 하는 순간은 생각보다 많이 찾아온다. 다름을 인정하지만, 그것을 수용하기까지는 엄청난 내공이 필요한 것도 사실이다.

왜 너랑 나랑은 안 맞는 걸까? 너는 사무직이고 나는 현장직이라서? 너는 남자고 나는 여자라서? 너는 유학파고 나는 지방 출신이라서? 굳이 이유를 만들자면 아마 끝도 없을 것이다.

생각해 보면 우리가 누군가와 잘 맞지 않는다고 생각할 때는 대부분 상대의 태도나 말이 나의 감정을 상하게 했기 때문인 경우가 많다. 그리고 심플하게 결론을 내린다.

"아, 저 인간은 진짜 나랑 안 맞아!"

고등 교육을 받은 지성인으로서 이런 편협한 사고는 유치하기 그지없고 또 위험하다. 누군가는 그런 사고를 가진 사람을 향해 따가운 경멸의 눈초리를 보내면서 내심 스스로 정의롭다고 자위하기도 한다.

A는 나와 다른 경험을 했기에 그에 따라 생각과 행동, 말이 다를 수밖에 없다. 어쩌면 같은 게 더 이상한 일일지도 모른다. 다만, A의 언행이 상식선이라면 그래도 큰 충돌은 피할 수 있고 나와의 다름을 인정하는 게 비교적 수월할 수 있다.

반면에 상식 밖의 언행들을 아무렇지 않게 일삼아 언제나 갈등을 일으키는 B의 경우라면 상황이 달라진다. 참으로 피곤하다. 사회생활하다 보면 생각보다 아주 상식 밖의 행동과 말로 불편하고 언짢은 상황을 만드는 사람들이 있다. 사회가 학교도 가정도 아니기에 B와 같은 사람들을 교정하는 것은 사실상 불가능하다. 해서 사람들은 최대한 B와 접촉을 줄이려고들 한다.

적어도 사람들과 함께 어울리면서 B와 같이 상식 밖의 언행으로 불통의 씨앗이 되지 않도록 우리는 노력해야 한다. 더불어 갈등은 줄이고, 이해와 배려로 마음이 통하고 말이 통하는 가정과 사회가 되도록 우리를 돌아봐야 한다.

가정과 사회에서 소통을 부르는 대화법을 DISC 유형 분석을 활용해 알아보자.

A 상식선

나와 다른 경험
나와 다른 생각
나와 다른 행동
나와 다른 말

B 상식 밖

나는 어떤 유형의 사람일까?

사람은 자신에게 익숙하고 편안한 행동들이 있는데, 그런 행동의 유형을 네 가지로 정리한 것이 바로 DISC이다.

그림에서 보면 D형과 I형은 외향적 성향인 반면 C형과 S형은 내향적 성향이다. 보통은 정확한 검사를 통해 행동 유형을 분석하지만 여기서는 간단하게 알아볼 수 있는 방법을 제안한다. 내가 어떤 유형인지 오른쪽 표를 보고 진단해 보자. D, I, S, C 유형별 질문에 대한 답을 점수화하여 기재하면 된다.

DISC 행동 유형

외향적

D 주도형

열정적으로 나서는 타입이다. ____
업무에서 성과를 낸다. ____
경쟁해서 이기는 것이 중요하다. ____
자기주장이 강하다. ____
일할 때 추진력이 있고 거침없다. ____
좋고 싫음이 분명하다. ____
상대가 싫어하더라도 솔직하게 말한다. ____
내가 하는 일에 대한 확신이 있다. ____
하고 싶은 일은 반드시 해야 한다. ____
대체로 의사 결정이 빠르다. ____

총 ____ 점 ____

I 사교형

표정이 밝다는 말을 자주 듣는다. ____
세상에는 재미있는 일이 많은 것 같다. ____
사람들 사이에서 분위기 메이커다. ____
명랑하고 쾌활한 성격이다. ____
인간관계가 원만하다. ____
결과보다는 과정이 즐거운 것이 좋다. ____
팀워크를 중시한다. ____
매사에 융통성이 있는 편이다. ____
웬만하면 부정적으로 바라보지 않는다. ____
계획하기보다는 즉흥적이다. ____

총 ____ 점 ____

내향적

S 안정형

남의 이야기를 잘 들어준다. ____
웬만해서는 화를 잘 내지 않는다. ____
천천히 생각하고 결정한다. ____
맡은 일을 성실하게 처리한다. ____
다툼보다는 양보가 마음이 편하다. ____
특별히 주목받고 싶지 않다. ____
모험보다는 안정적인 것이 좋다. ____
거절을 잘 못한다. ____
익숙한 환경이 아니면 좀 불편하다. ____
불만을 말하기보다는 참는다. ____

총 ____ 점 ____

C 신중형

신중하게 계획하고 일을 진행한다. ____
일에 있어서 실수가 별로 없다. ____
일을 처리하는 속도가 다소 느리다. ____
약속을 안 지키는 사람이 진짜 싫다. ____
나만의 독립된 공간이 좋다. ____
돌다리도 두드려보고 건넌다. ____
매사에 신중하게 행동하는 편이다. ____
논리적으로 합당한 것이 중요하다. ____
물건을 살 때도 꼼꼼하게 비교한다. ____
모든 일에는 다 이유가 있다. ____

총 ____ 점 ____

앞 페이지의 문항을 읽고 매우 아니면 1점, 아니면 2점, 보통이면 3점, 그렇다면 4점, 매우 그렇다면 5점으로 기재하여 총점을 구한다. 그런 다음 아래 그래프에 총점을 그려보자.

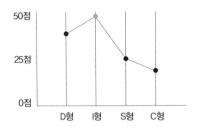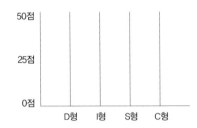

알고 보면 보이는 당신의 유형

그래프를 그리고 나면 한눈에 자신의 행동 유형이 무엇인지, 혹은 어떤 유형에 가까운지 파악할 수 있다.

행동 유형 분석을 통한 소통 대화법 강의를 하다 보면 자주 받게 되는 질문이 있다.

"강사님, 어떤 유형이 제일 좋은 건가요?"

행동 유형은 발휘되는 각자의 장점이 다르기에 어떤 유형이 더 좋다거나 나쁘다고 판단할 수도 없고, 판단해서도 안 된다. 또 사람이 반드시 한 가지 기질만을 갖는 것도 아니어서 "넌 S형이야.", "넌 C형이야." 하고 하나로 단정 짓는 것은 바람직하지 않다.

그렇다고 명확하게 드러나는 유형을 모른 척하기도 좀 그런 것이, 누가 봐도 D형인 불도저 같은 김 사장이나 남의 부탁을 좀처럼 거절하지

말마중

못하는 C형인 친구들이 우리 주변에도 흔히 있기 때문이다. 어떻게 아느냐고? 그들의 말이나 행동에서 유형별 특징이 고스란히 드러난다.

사실 필자는 힙합 음악을 즐겨 듣는 편으로, 가사를 듣다 보면 "어 D형이네, 어 성격 되게 C형이네?" 하고 느낄 때가 있다. 래퍼들은 작곡가로부터 곡을 받더라도 가사는 직접 쓰는 경우가 대부분인데, 재미있게도 다른 장르에 비해 들어가는 벌스(음악 구성에서 뼈대가 되는 부분으로 노래의 1절 2절 등을 말함)가 많다 보니 가사에서 본인의 성격과 행동 유형이 쉽게 드러난다. 한 곡으로는 속단하기 어렵지만 대부분의 래퍼는 다른 곡에서도 가사를 쓰는 방식과 내용에서 일정한 패턴을 보인다. 따라서 의도치 않아도 DISC 유형별로 어떤 가사를 쓰는지 살펴볼 수 있는데, 그 부분이 명확하면 보는 입장에서는 상당히 흥미롭다.

유명 래퍼와 그들의 노래를 통해 알아보는 유형별 특징

비와이 | D 주도형 쇼미더머니5의 우승자 비와이는 '주님 스웩'을 가진 래퍼로 잘 알려져 있다. 그의 노래들은 거침없고 자신감이 넘치며 스스로에 대한 존중으로 가득 차 있다. 권위 있는 리더인 D형의 면모를 잘 드러내는 것이다. 이 점은 그의 노래 전반에 걸쳐 잘 드러나는데, 예를 들어 씨잼과 함께 발표한 'Puzzle' 가사 중 '내가 나온 순간 게임 끝'이라거나 히트곡인 '가라사대'에서 '리더는 날 따를지어다' 등의 가사를 통해 확인할 수 있다.

지코 | 사교형 지코는 작업에 열중하는 모습, 진중한 모습을 많이 보이는 경향이 있어 개인적으로 전형적인 I형은 아니라고 생각한다. 다만

그가 작업한 밝은 분위기의 곡에서는 I형의 행동 유형이 꽤 잘 드러난다. 큰 인기를 얻었던 곡인 '아무 노래', 'Refresh' 등에서도 분위기를 띄울 것을 독려하는 모습이 보이고, 특히 'Boys&Girls'라는 곡에서는 아주 파티가 열렸다. 여기저기서 친구들을 불러 모아 난리가 나도록 노는 것은 I형이 가장 즐거워하는 일 중 하나다.

우원재 S 안정형 우원재의 대표곡이라고 하면 역시 2017년 발표한 '시차'일 것이다. 이 곡에서는 '모두 위험하다는 시간이 되려 편하고, 모두 다 피하는 반지하가 우린 편하다.'라는 내용의 가사를 확인할 수 있다. 그는 경연 프로그램에 참가해 상당한 인기를 얻었음에도 불구하고 익숙한 시간, 익숙한 공간이 편하다고 말하는 사람이다. 이런 성향은 그의 또 다른 곡인 '호불호'에서도 잘 드러난다. '변하는 게 뭐든 너무 싫고 그냥 모든 게 그대로였으면 좋겠다'는 내용의 가사를 통해 그가 변화보다 안정적인 성향을 추구하는 S형인 것을 알 수 있다.

사이먼 도미닉 C 신중형 몇 년 전 쌈디가 모 방송사의 혼자 사는 유명인들의 일상을 담은 프로그램에 출연한 적이 있다. 새 앨범을 준비하며 살이 많이 빠진 모습을 보고 '일할 때 고민을 많이 하는 타입인가 보다. 혹시 C형일까?' 하고 생각한 적이 있는데, 이후 그의 곡들을 들으니 정말 그랬다.

C형은 준비성이 철저하다. 정보와 근거를 모아 본인의 주장을 뒷받침할 수 있도록 하며, 일을 잘해 내더라도 결과에 쉽게 만족하지 않는 성향이다. 쌈디의 가사에는 꽤 많은 정보가 들어간다. 대표적으로 '정

진철'이라는 곡을 들 수 있는데, 그는 이 곡을 통해 잃어버렸던 삼촌을 다시 찾아 가족과의 만남을 성사시켰다. 곡에서는 삼촌의 직업은 물론이고 삼촌이 살던 집의 구조, 봤던 영화 등이 자세히 언급된다. 또한 그의 다른 곡 중 'Me No Jay Park'을 살펴보면 정보를 제공하는 것을 물론 '내 자신에게 오케이컷을 받기 힘들다'거나 '욕심이 깊어진다'는 등 스스로의 작업에 만족하지 않고 고민하는 면도 확인할 수 있다. 이처럼 많은 양의 정보를 제공해 본인의 주장을 탄탄히 하는 점, 또한 업무적으로 쉽게 만족하지 않는다는 점에서 그가 C형일 것이라고 추측해 볼 수 있다.

"나와 상대의 유형을 파악하면 소통이 수월해진다."

지금은 어딜 가도 소통을 강조하는 시대이다. 소통이 문제라고들 외치지만 그 문제를 해결해 줄 답 또한 소통이다. 나는 어떤 유형인지 바로 알고 유형별 대화법을 이해함으로써 현대 사회의 숱한 관계 속에서 진정 배려할 줄 아는 찐 소통 능력자가 될 수 있다.

주도형 소통 대화법

| 주도형의 생각 포인트 |
결과, 목표, 이기기, 도전 정신, 통제력,
결단, 속전속결, 승부욕

어느 날, 네 명의 여고생이 방과 후 떡볶이를 먹으러 가려고 이야기를 나누고 있다.

여고생1: 야, 오늘 떡볶이 먹으러 가자!

여고생2: 그래그래! 진짜 맛있겠다. 우리 학교 마치고 다 같이 가자!

여고생3: 어 근데, 나 학원 가야 하는데….

여고생4: 잠시만 기다려 줄래? 우리 넷이 가면 떡볶이 2인분 시키고 튀김이랑 순대 추가하자. 음료수까지 하면 1인당 5,000원 정도 들 것 같아.

여고생1: 다들 딴소리하지 말고 일단 가자!

여러 가지 행동 유형을 가진 친구들, 가족 중에서도 이와 비슷한 대화 패턴이 이어지는 경우가 종종 있는데, 그중에서도 여고생1, D형은 언제나 무리의 의사 결정권자이다. 그럴 수밖에 없는 것이 D형은 의견이 확실하고 명확하며 추진력 또한 뛰어나기 때문이다.

D형은 목표를 갖고 지속적으로 도전하며 안 되는 일도 되게 만드는

것이 가장 큰 강점이다. 그러나 그런 과정에서 D형은 끊임없이 소통에 대해 생각해야만 한다. 왜냐하면 사람들과의 관계나 대화법에 따라 주도형은 최고의 리더가 될 수도 있지만 자칫 최악의 독재자가 될 수도 있기 때문이다.

주도형인 당신은 어떤 것들을 생각하면 좋을까?

제발 뼈 때리지 마세요

당신은 보통 친구들 사이에서 소문난 팩폭러(팩트 폭력배)이다. 아닌 건 아니고 맞는 건 맞다. 맞는 것을 말하는 데 주저하지 않는다. 생각이 빠르고 명쾌하며 때로는 자신의 생각을 말하는 데 있어서도 거침이 없다.

이런 D형의 특성이 긍정적으로 사용되는 대표적인 경우가 있는데, 바로 친구들끼리 옷을 사러 갔을 때다. 잘 어울리는 옷을 사고 싶다면 주도형 친구와 가는 것은 상당히 좋은 방법이다. 만약 살이 좀 쪘다거나 옷이 안 어울린다거나 하면 주도형은 가감 없이 진실을 말해 주고 추천까

지 해줄 것이기 때문이다. 실제로 주도형인 필자 역시 친구들 사이에서 쇼핑 메이트로 인기가 많다.

　생각보다 많은 사람이 D형의 뼈 때리는 말에 상처를 받기 때문에 D형은 자신의 생각을 전하기 위해서는 반드시 예의를 갖춰야 한다. 소위 말하는 권유 화법(이라고 쓰고 돌려 말하기라고 읽는다)이나 쿠션 화법 등 대화를 유하게 할 수 있는 화법들을 적절히 구사하는 것이 필요하다.

　"부드럽게, 다정하게, 살살 말하자."

　유한 화법을 구사하는 것은 센스와도 직결되는데, 쉬운 예를 들어보자.

너 빨간색 옷 안 어울린다 ▶ 빨간색보다는 파란색 옷이 더 잘 어울리는 것 같아.

너 살쪘으니까 큰 거 입어 ▶ 요즘은 넉넉하고 편한 옷이 더 예쁘던데 큰 걸로 살까?

다리 짧아 보인다 ▶ 너는 허리가 날씬하니까 그걸 강조하는 게 더 좋겠다.

　무슨! 이렇게까지 돌려 말하라고? 당신은 아마 속이 타겠지만 이것은 상당히 좋은 방법이다. 어차피 주도형은 주장(의견)을 포기하거나 거짓을 말할 수 없으므로 굳이 말해야 한다면 무조건 유하게, 돌려서 살살 말하는 것을 추천한다. 당신의 노력을 통해 분위기를 부드럽게 만들 수 있고, 또 잘해 낼 경우 사람들의 기분을 상하지 않게 하면서도 그들을 당신의 편으로 만들 수 있다.

　이것은 일상적인 인간관계뿐 아니라 업무적인 환경에서도 마찬가지다. 사실 90년대 정도만 돌이켜봐도 회사에서 소위 '불도저' 같은 상사들

중에는 주도형이 많았다. 목표를 향해 전력 질주하던 무소불위의 권력자들이었지만 지금의 분위기는 어떤가? 후임들의 존경을 받지 못하는 상사들이 설 자리는 점점 줄어들고 있다. 사회에서 리더를 원하지 않는 것이 아니다. 다만 소통과 관계의 경로가 다양해진 21세기에는 부드러운 카리스마가 아니라면 예전만큼 많은 사람에게 긍정적으로 어필하기 어려운 것이 사실이다. 그러나 업무적인 성과를 내기 위해 주도형은 반드시 필요하다. 그러니 강점을 그대로 가져가되 말할 때는 조금만 살살 때리자.

결과가 뭐예요? ▶ 어떤 이야기인지 정리해서 정확히 알려줄 수 있을까요?

그거 못 합니다 ▶ 조금 어려울 것 같습니다.

1일까지 하세요 ▶ 1일까지 하면 좋겠는데 혹시 가능할까요?

당신이 이 정도까지 말할 수 있다면 사람들은 당신의 배려에 감탄할 것이다. 이쯤 되면 당신은 예의도 바르고 추진력도 좋고, 성과도 잘 내는 최고의 리더에 한발 더 가까워졌다. 물론 경쟁자를 이기는 한방이 필요한 상황이라면 그때는 강펀치로 때려도 되겠다. 그날을 위해 평소에는 유하게 힘 조절을 잘해 보자.

조언이나 피드백은 반만, 긍정적인 점과 함께 말하자

당신은 말하는 걸 참 좋아한다. 당신의 주변에는 당신의 조언이 필요한 사람이 아주 많다.

"아니 어떻게 저것밖에 못 하지? 뭐가 문젠지 척하면 척인데 그걸 모르나? 사람들은 자신의 단점을 너무 모르는 것 같은데 오늘은 그것을 꼭 말해줘야만 할 것 같다. 사람들은 아마 무척 고마워할 것이다. 아니 고마워해야 한다. 왜냐고? 이건 피드백이니까. 방향을 알면 좋지 않은 점도 금방 개선될 것이다."

이것은 피드백에 대해서 주도형이 가지는 생각이다. 하지만 다른 사람들은 그렇지 않다는 게 문제다. 도움이 되는 이야기도 한두 번이지 너무 잦은 피드백, 그리고 그것이 단점 지적에 가깝다면 좋아할 사람은 없다. 일단은 횟수를 줄이자. 그리고 진실하게 말하자. 그러나 그 진실을 단점에서만 찾을 필요는 없다.

"너무 수고했어요. 이 점만 보완되면 훨씬 더 좋을 것 같아요."

긍정적인 부분을 인정하고 칭찬하는 말과 진실한 피드백을 섞는 것이 좋다.

예를 들면 이런 식이다.

선영 씨는 마무리가 어설프네요. 지난번에 제출한 것도 꼼꼼하게 확인 안 한 것 같아요.

▶ 선영 씨, 기한보다 항상 여유 있게 제출해줘서 너무 고마워요. 다만 마무리할 때 약간 놓친 부분들이 있으니 한 번 더 확인해서 주면 고맙겠어요.

호준 씨는 목소리는 좋은데 발음에서 점수를 다 까먹네요.

▶ 호준 씨는 목소리가 되게 좋아요. 편안하고 자연스러운 톤이라서 발음만 더 신경 쓰면 하면 훨씬 듣기 좋을 거 같아요.

딸보다 아들이 훨씬 키우기 힘들어. 아직 아기가 어려서 넌 잘 모르겠지만.

▶ 아무래도 딸보다 아들이 훨씬 활동적이라고 하잖아. 그래도 아기마다 다 다르니까 키우면서 어떤지 잘 살펴봐.

잦은 조언은 영향력을 발휘할 수 없고, 공격적인 피드백은 적대감을 불러일으킨다. 상대를 생각하는 마음에서 시작된 조언이라면 정말 필요할 때만 진심을 담아 최대한 긍정적으로 해보자.

천천히, 목소리를 조금 낮춰서 이야기하자

DISC를 강의하는 강사 중 우스갯소리로 "중국 사람 중에 D형이 많을 거야."라는 소리를 하는 분들이 있다. 왜 그렇게 생각하느냐고 물어보면 대답은 한결같다. 주도적이고 직설적이며 말 속도가 빠르고 목소리가 크다는 게 일반적 의견이다.

상당수 D형의 말투가 빠르고 목소리가 큰 것은 주도형의 행동 유형에서 기인한다. 자신의 뜻을 관철하려면 일단 주장해야 하는데, 그러려면 상대의 말을 들어줄 시간이 없다. 의사소통에서 경청보다 말하기를 우선하는 타입인 만큼 중요하거나 긴박한 상황이 되면 목소리가 더 커지고, 자신의 말을 거침없이 쏟아낸다.

생각해 보니 국회에도 D형이 꽤 있을 것 같다. 말하는 것을 좋아하며 주도적이고 자신감 있는 사람들이 넘쳐나는 곳이니까. 그리고 우리는 D형으로 추정되는 사람들의 말싸움 영상도 어렵지 않게 접해 왔다. 그런 사람들을 보며 우리는 어떤 생각을 했던가? "목소리 크네.", "싸우자는 건가?",

"남 얘기는 안 듣네", "일단 저지르고 생각하네." 등등 부정적인 감정을 많이 떠올렸을 것이다.

"말의 힘은 목소리 크기로 결정되지 않는다."

또한 대화는 상호 커뮤니케이션이다. 상대와 내가 말을 통해 긍정적인 티키타카를 이루는 과정인 만큼, 내가 한번 말하면 상대가 대답할 시간을 여유 있게 주고 기다리도록 하자.

당신의 말은 이미 충분한 힘, 카리스마가 있다

필자의 동료인 H양은 취업 전 많은 아르바이트를 했는데, 그중 하나가 백화점에서 하이브랜드 의류를 판매하는 일이었다. 20대 초중반 아가씨가 고가의 제품을 고객에게 권유해서 판매하는 것이 쉽지만은 않았을 터다. 그러나 H양은 전혀 주눅 들지 않고 물건을 척척 팔아치웠고, 그 과정에서 본인이 배운 것이 무엇인지도 알려 주었다.

"자신감 있게 주장하면, 그게 진실이 되더라고요."

물론 뭐든지 주장만 하면 진실이 된다는 뜻은 아니다. 그녀가 말한 자신감 있는 주장은 '확신'과 '목표'에 기반한다. 손님에게 스트라이프 셔츠가 잘 어울린다는 확신, 이 바지가 찰떡이라는 확신, 반드시 이 옷을 입힐 것이라는 목표. 확신을 바탕으로 주장할 때 생기는 기세는 사람들을 매료시킨다. 그것이 바로 D형이 가진 능력이다.

D형은 목표에 대한 확신이 있다. 그렇기에 목표를 위해 끊임없이 노력하며, 책임감 또한 강해서 반드시 결과를 보여주려고 한다. 그러한 모습은 사람들의 이목을 끈다. 뜨겁지도 차갑지도 않은 미지근한 온도의 사람, "그냥, 아무거나."라고 말하는 사람들이 넘쳐나는 요즘 같은 시대에 드물게도 카리스마와 리더십을 보여주는 유형이다. 사람들은 당신의 말에 자신도 모르게 집중할 수밖에 없다.

열정의 화신, D형은 아마 집단에서 리더이거나 적어도 주목받는 위치에 있을 확률이 높다. 따라서 당신의 말은 이미 충분한 힘, 카리스마를 가지고 있으므로 말할 때 일부러 더 힘을 싣지 않아도 괜찮다. 권위는 목소리 크기에서 나오는 것이 아님을 인지하자. 묵묵히 진심을 전달한다면 더 깊이 있는 대화를 나눌 수 있을 것이다.

또한 이야기를 나눌 때 '대화의 무게추'라는 개념을 생각하는 것도 좋겠다. D형은 일단 듣는 것보다 말하는 것을 더 좋아한다. 그런데 그 말에 에너지가 있고 속도도 빠르다면? 자칫하다간 대화의 중심이 지나치게 당신 쪽으로 쏠리게 된다. 일상 대화나 업무적인 대화를 나눌 때는 상대와 밸런스를 맞춘다는 느낌으로 임해보자. 가벼운 질문을 던지며 시작하는 것도 좋은 방법이다. 대화를 통해 얻는 것도 많을 것이고, 또 상대 역시 당신과의 대화를 더 즐거워하게 될 것이다.

주도형을 상대하는 당신에게 전하는 꿀팁
옜다! 목표 과제 던져주기
직장생활에서 사람들이 가장 중요하게 생각하는 것이 무엇일까?

누군가는 좋은 분위기에서 일하는 것을 원하고 누군가는 부담 없고 편안한 근무를 원할 것이다. 하지만 D형이 가장 중요하게 생각하는 것은 바로 성과 그 자체이다. 따라서 업무적으로 D형과 함께한다면 D형에게 목표의식을 심어주는 것이 무척 중요하다. D형은 그것에 부담을 느끼거나 힘들어하기보다는 목표를 향해 가는 자신의 노력을 자랑스러워하고 기꺼이 정상에 오르고 싶어 하기 때문이다.

필자가 예전 직장에서 만난 A매니저의 이야기를 잠깐 해보려고 한다. A매니저는 D형으로 업무 성취도가 높고 일 처리 속도도 빨랐다. 특히 D형인 필자에게는 좋은 상사이기도 했다. 왜냐하면 그녀가 D형의 특성을 이해하고 필자에게 끊임없는 도전 과제를 줬기 때문이다.

필자가 다녔던 회사에는 분기별로 성취할 목표를 정해 '목표합의서'라는 것을 제출하고, 그것을 성취하기 위해 노력한 뒤 결과로 평가받는 제도가 있었다. 사실 회사를 다니면서 목표를 따로 정해 이루는 것은 많은 노력이 필요한 일이다. 그 때문에 대부분의 직원이 작은 노력에도 이루어지는 쉬운 목표를 정하는 경우가 많았는데, A매니저가 있는 조에서는 그것이 불가능한 것은 물론 한술 더 떠 극한에 가까운 목표를 정해야만 했다.

필자는 사내 시험 점수가 대체로 우수한 편이었다. 25점이 만점인데 여타의 직원들 평점이 16점, 17점대라면 필자는 이미 22점 정도가 되었다. 더 높은 점수를 받을 수 있을지 불확실한 상황에서 목표합의서에 '점수 유지'를 적어냈으나 A매니저에게 목표를 다시 설정하라는 피드백을 받았다.

"목표를 더 높이세요, 24점 하세요. 하실 수 있어요."

명랑한 듯 단호한 그녀의 말에 홀린 듯 24점을 적고 돌아오던 길, 아무래도 실수한 것 같다는 생각에 후회했지만 결국 필자도 D형이었다. 그 분기에 어찌어찌 노력해 결국 목표했던 24점을 받아내고 내심 뿌듯했던 걸 보면 말이다.

"목표 높이세요. 하실 수 있어요."

A매니저와 있을 때 필자는 많은 것들에 도전했고 그것들을 차곡차곡 성취할 수 있었다. 그러한 과정들은 역시 무척 재미있었다. D형 부하 직원과 함께 일하는 사람은 이처럼 목표를 설정해주고 그것을 이룰 수 있도록 조련한다는 마인드가 필요하지 않을까? 제대로 된 목표의식만 심어준다면 D형은 생각보다 더 많은 것을 이뤄낼 것이다.

"그래서 하고 싶은 말이 뭔데? 제발 빨리 말해줘."

필자는 결혼한 지 8년 차다. 평소 남편과 사이가 좋은 편이지만 가끔 부부싸움을 하면 대체로 하루를 넘기지 않는 편이다. 물론 서로 배려하고 아주 예뻐해서(?) 그런 것도 있지만 궁극적인 이유는 D형인 필자의 성격이 급해서다. 제발, 왜 화났는지 빙빙 돌리지 말고 빨리 말해주면 안 되겠니?

"그래서 네가 하고 싶은 말이 정확히 뭔데?"

남편이 뭐 때문에 화가 났는지, 무슨 말을 하고 싶은지 모르면 너무 답답해진다. 덕분에 매번 참지 못하고 화해도 적극적으로 주도하게 된다. 일단 '이유'나 '목적'을 들어야만 속이 시원해지는 것이다.

대부분 사람이 마라토너라면 D형은 100m 단거리 선수다. 목적지가 눈앞에 훤히 보이는 만큼 대화할 때는 '목적 지향'으로 말해야 한다. 예를 들어, 지난 금요일 급히 병원에 가느라 조퇴를 해서 보고서를 제때 제출하지 못했다 치자. 아래 A/B 두 사람의 대답을 예를 들어 살펴보자.

팀장 님, 보고서 제출하겠습니다.
지난 금요일에 병원에 가느라
조퇴해서 바로 보내지 못했습니다.
죄송합니다.

팀장 님, 지난 주말에 제가 아파서
병원에 가느라 조퇴를 했었습니다.
배려해주신 덕분에 지금은
괜찮습니다. 감사합니다. 그때 작성하
던 보고서를 제출하지 못했는데
작성해서 바로 보내도 될까요?

B의 화법이 나쁘다는 것은 아니다. 도리어 상당히 부드럽게 들릴 수 있다. 다만 D형과 이야기할 때는 관계 지향보다 목적 지향이 우선이다. 목적 지향의 대화가 너무 딱딱하게 들리지 않을까 조심스러울 수 있지만 정작 D형은 그것이 딱딱하다기보다 시원시원하다고 느낄 테니 너무 염려 말고 다이렉트로 말해보자.

사교형 소통 대화법

| 사교형의 생각 포인트 |

재미, 사람, 사교성, 열정, 말솜씨, 모험

"노는 게 제일 좋아, 친구들 모여라."

한 번쯤은 누구라도 들어봤을 법한 뽀로로 주제곡의 일부이다. 필자의 16개월 된 아들은 안경 쓴 펭귄과 그 친구들이 나오는 애니메이션을 참 좋아한다. 집에 있는 뽀로로 장난감을 누르면 나오는 노래에 맞춰 팔을 흔들거나 엉덩이를 들썩이며 춤을 추기도 하는데, 가만히 노래를 들어보면 가사가 참 솔직하고 귀엽다. 그래서 1절 가사 일부분만 들어도 뽀로로의 유형은 판명이 난다. 전 세계적으로 많은 아기의 사랑을 받는 안경 쓴 펭귄 친구는 I형이다.

I형은 사교형으로, 많은 사람과 어울리며 대화하고 즐겁게 노는 것을 무척 좋아하는 소위 '인싸' 되시겠다. 사람을 끄는 매력이 있어서일까? I형의 주변에는 늘 재미있는 일이 가득하고 많은 사람이 몰린다.

I형은 혼자 하는 일보다 사람들과 함께하는 일이 좋다. 잘 웃고 밝고 상상력도 풍부해서 분위기를 좋게 만드는 것이 I형의 가장 큰 강점이다. 무리에 I형이 많으면 비교적 즐겁고 화기애애한 분위기에서 일하는 것이 가능하다. 다만 배가 산으로 갈 수 있으니 계획을 제대로 세우고 목적

성을 잃지 않도록 하자.

사교형인 당신은 어떤 것들을 생각하면 좋을까?

재미도 좋지만 때에 따라 진지함을 챙길 수 있도록

'무한도전'을 즐겨 보던 사람이라면 거기서 나온 노홍철 캐릭터를 기억할 것이다. 노홍철은 전형적인 I형으로, 항상 유쾌한 얼굴로 무리의 분위기를 주도하는 인물 중 하나였다. 재미있고 유쾌한 그가 '무한도전'에서 보여준 캐릭터들은 무엇이었나? '퀵 마우스', '돌+I' 그리고 '사기꾼'이었다.

I형은 재미있는 분위기를 만드는 것을 참 좋아한다. 그렇다 보니 때로 과장과 허풍도 서슴지 않는데, "와, 나 오늘 지하철 놓칠 뻔했잖아. 시간 맞추려고 100m 전력 질주했는데 완전 우사인 볼트인 줄 알았네.", 혹은 "차 엄청 막혔어요. 앞에 사고 나서 오는 데 백 년 걸렸어요." 같은 말들을 아무렇지도 않게 하는 것이다. 이런 말들은 대화에 소소한 양념이 되기도 하고 분위기를 부드럽게 만들기도 한다. 다만 양념이 왜 양념이겠는가? 이것은 요리의 주재료가 아니다. 당신이 전달하고자 하는 진심이 막히지 않도록 때로는 진지하게 임할 필요가 있다.

말할 때는 진심 많이 많이 많이 넣기.

진심

여자들은 대체로 재미있는 남자를 좋아한다. 개그맨들이 대체로 미인과 결혼하는 것만 봐도 알 수 있다. 그런데 대체로 연애할 때는 재미있는 남자들이 인기가 많지만, 막상 결혼할 때는 재미가 좀 없더라도 안정적이고 진중한 남자를 더 선호하지 않는가? I형의 남자를 만나는 여자들을 가만히 보면 "지금 만나는 남자친구가 너무 좋은데, 결혼은 잘 모르겠어요."라고 말하는 여자들도 꽤 많다.

언젠가 필자도 후배와 그런 이야기를 나눈 적이 있다. 남자친구가 착하고 너무 재미있어서 좋지만 결혼은 잘 모르겠다는 것이다. 이유를 물었더니 이런 이야기를 한다.

"현실감이 떨어져서요. 결혼하려면 계획도 세우고 서로 구체적인 이야기를 나누어야 하는데, 오빠는 돈 많이 벌고 퇴사해서 여행 다니고 살자는 얘기만 해요. 뭘 어떻게 하자는 건지 모르겠어요."

퇴사하고 여행을 다니는 삶이라니, 일단 부럽다. 그러나 결혼은 현실이다. 현실에서 어떻게 돈을 벌고 저축하겠다는 구체적인 전제가 있어야 이후 보상으로 여행도 갈 수 있는 것이지, 현실 없이 여행으로 직행하는 것은 대부분 불가능하다.

이 커플은 어떻게 되었을까? 안타깝지만 지금은 헤어졌다. 재미있는 이야기를 하는 남자친구는 연애 상대로는 더없이 달콤했지만 결혼을 결심하기 위해서는 '진심'이 필요하니까. 그럼 재미있는 이야기는 진심이 아니냐고? 물론 그렇지 않지만 매사에 진중함이 결여되면 나중에는 모든 것이 허풍으로 들리는 것이 문제다. 노홍철이 '무한도전'에서 이야기할 때마다 "얘 또 사기치네."라는 말을 괜히 들었던 건 아니니까.

"'어떻게 말할까' 하고 괴로울 땐 진실을 말하라." – 마크 트웨인

매번 진지할 필요도 없고 늘 참고 살 필요도 없다. 반대로 모든 순간 재미있을 필요도 없다. 당신이 원하는 순간, 그리고 중요한 순간에는 꼭 진심을 전할 수 있도록 하자.

(Tip) ·

I형인 당신이 프러포즈를 한다면 정석대로 로맨틱하게 하는 것을 추천한다. 길거리에서 프러포즈하거나 노래를 부른다거나 이벤트 업체를 부른다거나 하면 또다시 재미있는 방향으로 가고 말 것이기에. 평소 늘 재미있는 당신이 오늘만큼은 최대한 진지하게 임한다면 그것은 더욱 큰 감동이 될 것이다.

남 말은 들어야 한다

모임이 파할 때쯤 이런 말을 하는 친구가 있다. "오늘 너무 재밌었어. 근데 내 얘기만 너무 많이 한 거 같은데 다음번엔 ○○가 얘기 좀 많이 해."라고. 그런데 다음번에 만나면 어떤가? 대부분의 경우 역시 말을 많이 하는 사람이 또 말을 많이 하고 있을 것이다.

듣는 것이 편한 사람이 있고 말하는 것이 편한 사람이 있는데 I형, 즉 사교형인 당신은 말하는 것이 훨씬 편하고 즐거운 사람이다.

아마도 당신이 이야기하면 사람들은 재미있어하거나 흥미를 보이는 등 긍정적인 시그널을 보낼 것이다. 사교형들은 참 말을 재미있게 잘한다. 그래서 교사, 배우, 목회자, 강사 등의 직업을 가진 사람 중에는 I형이 많다. 사실 말하기를 잘하고 좋아하는 것은 무척 좋은 재능이다. 하지

만 대화는 일방이 아닌 쌍방 커뮤니케이션임을 기억하자.

이렇게 생각하면 쉽다.

당신은 사람을 좋아한다. 좋은 관계를 이어가고 싶다. ⇒ **그러려면 대화를 통해 상대를 알아야 한다.** ⇒ **알기 위해서는 상대의 말을 들어야 한다.**

그렇다면 상대의 말을 더 많이 듣는 경청의 기술에는 어떤 것이 있을까?

"그래서 어떻게 됐어?"

첫 번째, 되물어보기이다. 상대의 이야기를 잘 듣고 이해하고 있다는 시그널을 보내는 것이다. "그래서 어떻게 됐어? 그 사람이 뭐라고 말했는데?"라거나 "지난번에 힘들다는 거 괜찮아?"라는 정도로 대화하면서 질문을 던진다면 대화 상대는 그에 따라 다양한 답변을 당신에게 들려줄 것이다.

"어머, 세상에 그랬구나."

두 번째, 행동으로 보여주는 호응이다. 고개를 끄덕이거나 표정으로 말하거나 몸을 앞으로 숙이는 등의 행동으로 "나는 당신에게 집중하고 있어요."를 적극적으로 보여준다면, 상대 역시 당신의 호응에 힘입어 좀 더 깊이 있는 이야기를 건네고 싶어질 것이다.

사람을 좋아하는 사교형인 당신, 당신이 좋아하는 사람들과 더욱 깊이 있는 대화를 나누며 알아갈 수 있기를 기대한다. 그러기 위해서라도 남의 말을 듣는 연습을 하도록 하자.

인싸로 살면서 진짜를 남기는 법

필자의 친구 A는 왕년에 무척 잘나가는 인싸였다. 그녀가 잘나갈 때는 친구들끼리 약속을 잡는 것도 무척 어려웠는데, 어쩌다 약속을 잡더라도 그녀를 독점할 수는 없었다. 저녁 6시에는 필자와 만나고, 8시에는 학교 동창들을 만나고, 밤 10시에는 게임 동호회 사람들을 만나는 등 늘 일정이 빼곡했기 때문이다.

A는 습관처럼 약속에 늦었고 미안하다는 말을 입에 달고 살았으며, 늘 시간에 쫓겨 바람처럼 택시를 타고 떠나곤 했다. 바쁜 일정에 힘들어하는 그녀가 이해되지 않아 언젠가는 그런 말을 한 적도 있다.

"아니, 그럼 애초에 약속을 하나만 잡으면 되잖아?"

그랬더니 그녀가 대답했다.

"미안, 나는 다 될 줄 알았지. 그리고 안 나가도 되는 약속이 없어서 그랬어. 진짜 미안. 응?"

인싸가 있기 전 태초에 I형이 있었다. 모든 인싸가 I형인 것은 아니지만 I형은 대체로 인싸다. 사교형이 이토록 쉽게 인싸가 되는 이유는 '만인에게 사랑받고 싶은 욕구'가 정말 강한 부류이기 때문이다. 함께하기 위해서, 즐겁게 어울리기 위해서, 사람들에게 인정받기 위해서.

사교형인 당신은 자신도 모르는 사이에 많은 부분을 할애하고 희생하며 많은 사람에게 맞추려고 하지만, 잊지 말아야 할 것은 당신은 한 명이라는 점이다. 약속이 여러 개면 겹치게 되고, 해야 할 일이 많으면 분명히 놓치는 부분이 생긴다는 것을 인정하자.

인싸인 당신이 삶 속에서 진짜를 챙겨가는 방법

우선순위를 명확하게 하자

당신이 굳이 모든 모임에 가서 많은 사람을 만날 필요는 없다. 이렇게 하는 것이 당신의 체력과 돈을 위한 것이기도 하고, 당신이 정말 소중하게 생각하는 사람들과의 관계를 한층 돈독하게 만들기 위한 것이기도 하다. 약속을 정할 때 "나 시간 낼 수 있어."라고 단번에 말하기보다 "언제가 좋을지 생각해 보고 금방 연락할게." 하고 양해를 구한 뒤 가능한 시간을 내는 방법을 선택하는 것이 좋다.

"확인하고 말씀드릴게요."

이런 점은 업무에서도 마찬가지이다. 무조건 "할 수 있습니다."라고 말하기 전에 "확인해 보고 말씀드리겠습니다."라고 양해를 구한 뒤 계획을 세운다. 우선순위를 정하고 중요한 것부터 명확히 실행할 때 당신은 더 많은 일을 체계적으로 해결하는 멀티플레이어가 될 수 있다.

객관적으로 생각하자

사교형인 당신은 당신의 사람들에게 호의적이다. 관계를 중심적으로 생각하다 보니 늘 '좋은 게 좋은 것'이 되는 경향이 있는데, 그로 인한 피해 역시 당신이 보게 된다는 점을 인지하라.

예를 들어, 다단계 회사에 다니는 친구가 당신에게 화장품을 사달라고 한다. 그 화장품이 나에게 필요하다면 사도 좋겠지만, 일단 그 화장품 성분이 나에게 맞을까, 그리고 그 화장품 풀 세트가 꼭 필요할까, 가격대는 적절한가, 기존에 내가 쓰던 제품을 바꿀 가치가 있는가 등의 여러 가지를 따져보는 과정은 반드시 거치기를 권한다.

"이게 정말 내가 원하던 걸까? 나에게 필요할까?"

일할 때도 마찬가지이다. 흔히 놀 때 잘 맞는 사람이 있고 일할 때 잘 맞는 사람이 있다고 하는데, 이것은 과거 누군가가 사교형에게 해주려 했던 말이 분명하다. 관계를 중시해 가당치도 않은 사람에게 중요한 일을 맡기거나 실적보다 관계를 고려해 사람을 평가하여 나중에 자승자박의 대가를 치르는 경우가 발생할 수 있으니 부디 업무할 때는 사실에 입각한, 객관적인, 수치화된 데이터를 활용할 것을 권장한다.

당신은 이미 많은 사람에게 사랑을 받고 있다. 당신에게 화장품을 판매하려는 친구는 화장품 얘기 없이도 당신과 늘 즐겁게 이야기 나눌 수 있는 사람인가? 아니라면 당신의 인생에서 잠시 멀리해도 괜찮다. 진짜는 애써 찾지 않아도 이미 당신 주변에 있으니까.

사교형을 상대하는 당신에게 전하는 꿀팁

쓰담쓰담, 칭찬해

'고양이상', '강아지상' 등으로 얼굴을 분류하는 것이 한때 유행이었던 적이 있었다. 흔히 강아지상이라 하면 웃는 얼굴에 친근한 느낌, 강아지가 꼬리를 흔들 듯 뭔지 모르게 활기차 보이고 밝은 사람들을 말한다. 이것은 외모로 판단한 것이지만 성격적인 부분으로 보았을 때 I형, 사교형은 정말 강아지 같은 면이 많다. 이들은 활발하고 매사에 긍정적인 것은 물론, 누구보다 사람들의 예쁨을 받고 싶어 한다. 즉 인정에 대한 욕구가 무엇보다 강한 유형이라 할 수 있다.

강아지를 훈련시켜 보았거나 훈련하는 장면을 본 적이 있는 사람이라면 알 것이다. 훈련 도중에 칭찬할 상황이 생기면 즉각적인 보상과 충분한 칭찬을 해주어야 한다는 것을. 이것을 동일하게 I형에게 적용한다면 당신은 순식간에 I형과 가까워질 수 있다. 특히 그냥 넘어갈 일도 바로 칭찬하는 마음이 중요한데, 구체적인 장점이나 특징을 꼭 집어서 칭찬과 격려를 한다면 더욱 진정성 있는 마음을 전달할 수 있을 것이다.

"쓰담쓰담, 칭찬해 주세요."

"오늘 강의하실 때 ○○에 대한 부분이 특히 좋았습니다."
"여기 커피가 너무 맛있어요. 지나갈 때마다 향기도 좋은데, 좋은 원두를 사용하나 봐요?"
"이번에 김 대리가 정리를 너무 잘했죠? 보고서 파일 분류한 게 훨씬 보기 좋아졌네요."

구체적인 칭찬은 I형을 춤추게 하고 또 마음을 열게 한다. 무엇보다 그들이 누구보다 사랑받기를 원한다는 것을 잊지 말자. 당신이 I형을 인정해주고 칭찬해준다면 그들은 당신에게 빠져들고 말 것이다.

Tip . . . .

필자는 I형인 남편을 칭찬으로 변화시키고 있다. 언젠가 남편에게 "오늘 아침에 사과를 깎아줘서 고마워."라고 표현했더니 매일 아침 사과를 깎아주었고, 어느덧 아기에게도 사과를 깎아준다. 육아 만렙 남편이라고 칭찬했더니 진짜 남편의 육아 스킬은 점점 늘고 필자가 남편을 대하는 스킬도 덩달아 늘고 있다.

그냥 말할 수 있도록 해줍시다

필자가 배우로 활동하던 시절 알게 된 지인 B양은 항상 가방에 간식을 넣고 다녔다. 특히 초콜릿이나 작은 사탕 등 손쉽게 꺼내 먹을 수 있는 주전부리를 제법 많이 갖고 다녔는데, 촬영장에서 대기가 길어질 때면 "뭣 좀 먹을까?" 하며 판을 벌여 주변 사람들을 모아 간식을 나누어주곤 했다. 기나긴 대기 시간, '달다구리'가 가져다주는 유한 분위기는 사람들의 긴장을 쉽게 풀어주었고, B양은 그 틈을 이용해 활발히 사교 행각을 벌였다.

"나는 어색한 분위기를 진짜 못 참아. 처음 보는 사람과도 얘기하고 친해지고 싶은데, 말 붙이려면 뭐라도 먹는 게 좋더라고. 그래서 간식을 들고 다니는 거야. 사실 나는 단것을 별로 안 좋아해."

밝게 웃으며 전하던 B양의 속내는 그랬다. 사람들과 이야기하고 싶고 친해지고 싶다는 것. 간식은 B양 자신의 스피치 타임을 위한 비장의 아이템이었던 것이다. 비단 B양뿐이겠는가? 어색한 분위기, 침묵의 시간을 견디지 못하는 것이 바로 사교형들이다.

학창시절 가만히 앉아서 공부하기보단 야간 자습 시간의 분위기 메이커를 자처하는 사람들. 이들은 독서실보다는 사람들이 오고 가는 카페에서 작업하는 것을 선호한다. 만약 아이라면? 잘못이 있어 엄마에게 혼나더라도 '생각 의자'에 앉아 조용히 견디기보다는 제발 한 대 맞고 끝내고 싶다고 생각하는 타입들이다. 머릿속에 든 생각을 나누고 싶어 하는 이들에게 침묵의 시간은 너무나도 가혹하다. 입이 근질거려 참기 어려운 것이다.

따라서 사교형과 함께 일한다면 사교형이 즐겁게, 또 편히 말할 수 있는 분위기를 만들어주는 것이 능률을 높이는 방법 중 하나다. 대학교 팀플 같은 경우 파트를 분배한다면 I형에게 발표를 맡기고 "너 발표 진짜 잘하니까 걱정 안 해, 파이팅!" 정도만 해줘도 된다. 격려해 주면서 말할 기회까지 동시에 주는 것이 된다. 그 외에 신입 부원을 모집하는 홍보 활동이나 대동제 진행 등 사람들을 만나면서 말할 수 있는 역할을 준다면 사교형들은 너무나도 편안하게 그 일을 잘 해낼 수 있다.

회사 생활의 경우도 마찬가지다. 간혹 적막한 회의나 고요한 작업 환경은 I형들을 위축되게 만들기도 하는데, 그럴 때 내가 상사이거나 동료라면 은연중에 보상을 제안해 그들의 능력을 끌어올릴 수 있다.

"아까 ○○ 씨 이야기 너무 재밌었어요. 오늘 우리 오전 작업 후딱 끝내고 12시에 점심 먹을까요? 그때 남은 얘기 더 들려주세요. 잘 끝내고 우리 얘기 더 많이 해요."

　"오전 작업 빨리 잘 끝내고."라는 전제 조건으로 쐐기를 박아버렸지만, 사교형은 그것은 크게 생각지 않는다. 그저 기꺼이 일을 제때 끝내고 맞이하게 될 당신과의 수다 타임을 기대할 뿐.
　I형이 충분히 말할 수 있도록 해주고 그들의 말을 잘 들어주자. 적막을 깨는 낭랑하고 즐거운 목소리는 언제나 당신에게 재미있고 흥미로운 소식을 전해줄 것이다.

안정형 소통 대화법

| 안정형의 생각 포인트 |
안정성, 현상 유지, 익숙한 환경,
봉사, 질서, 충분한 시간, 성실함

코로나 팬데믹 이후 우리 삶의 모습은 참 많이 바뀌었다. 마스크를 착용한 채 이따금 밖으로 나가고 있지만 예전과 비교하면 집에서 보내는 시간이 훨씬 많아졌으니까. 해외여행은 꿈도 꿀 수 없고, 필자가 글을 쓰는 요즘도 5인 이상 집합 금지는 여전하다. 봄꽃 축제를 즐기거나 공연을 관람하는 것도 모두 랜선으로 하는 세상. 밖으로 나가고 싶은 사람들에게는 다소 가혹한 일상이 지루하게 이어지고 있다. 그런데 잠깐, 가만히 둘러보니 유독 편안해 보이는 사람들이 있잖아?

침대에 배를 깔고 누워서 놓쳤던 드라마와 영화를 맘껏 볼 수 있다니, 생각만 해도 미소가 절로 난다. 콩나물시루마냥 붐비는 출퇴근 전철을 타지 않고 집에서 재택근무를 하는 것도 나름 괜찮다. 만나자는 소리를 많이 듣지 않아도 되어서 너무 좋다. 그러고 보니 작년 이맘때쯤 '달고나 커피'가 유행했던가? 최소 몇천 번은 저어야 완성된다는 그 커피를 차분히 만들어 익숙한 듯 자기 집 베란다 카페에서 즐기는 사람들이 있었다.

이들은 익숙한 공간에서 단순 행위를 반복하며 소소한 보람을 찾는다. 달고나 커피를 최초로 만들어 코로나 시대의 새 유행을 선도한 사람은 아마도 안정형, 즉 S형이지 않았을까? 몇천 번 스푼을 젓는 그 행위에서 규칙과 질서를 찾고 안정감을 느끼는 사람들. 많은 사람을 만나기보나 소용한 곳에 머무르고 싶은 집순이, 집돌이인 그들은 원래부터 집 밖으로 많이 나가지 않았다. 자연스럽게 포스트 코로나 시대에 아주 모범적인 시민으로서의 모습을 보여주고 있는 것이다.

　S형은 비교적 내성적인 편이고 보통 말하는 것보다 듣는 것을 더 선호한다. 그러다 보니 상대의 말을 잘 경청하고 의견을 잘 수용해주는 성실한 친구가 된다. 상냥하고, 부드럽고, 수줍은 면모를 보이는 S형은 인간관계에서 그 특유의 온화함으로 많은 사람에게 편안함을 준다. 상대의 말을 잘 들어준다는 점에서 직업적으로 서비스 업무도 적합하고, 안정적이고 성실한 공무원이 되는 것도 좋다. 다만 안정적인 것을 선호하기에 다소 보수적일 수 있고, 자신의 의견을 정확히 전달하는 것에 부담을 가져 우유부단하다는 평을 듣기도 한다. 그리고 자칫 거절을 잘 못하는 성격 탓에 이용당하기 쉽다는 점도 염두에 두어야 한다.

안정형인 당신은 어떤 것들을 생각하면 좋을까?
나의 주장을 펼쳐보자. 평화로운 변화를 맞이할 수 있다

S양: 요즘 주말마다 시댁에 가는데, 시어머니가 자꾸 아기 입술에 뽀뽀를 하셔. 근데 코로나도 신경 쓰이고 또 충치균도 옮긴다고 해서 입술에는 뽀뽀 안 하셨음 좋겠는데 자꾸 하셔서 솔직히 기분이 별로야. 나도 아직 입술에 뽀뽀 안 하는데! 예뻐하시는 거 아니까 뭐라 말도 못 하고….

필자: 진짜? 아기를 엄청 예뻐하시나 보다. 그러면 충치균 옮으니까 입

술에 뽀뽀하지 말아 달라고 말씀드리면 안 돼?

S양: 말이 쉽지… 시어머니한테 어떻게 손자한테 뽀뽀하지 말라고 말해. 유난이라고 느끼실 거 아냐. 넌 말할 수 있어?

필자: 나는 그냥 다 말씀드려. 충치 때문에 입술에는 안 된다고 말씀드리면 이해하시지 않을까?

S양: 부럽다. 나도 너처럼 말할 수 있으면 얼마나 좋을까?

얼마 전 만났던 필자의 친구, S양과 나눈 대화 내용이다. S양은 너무나도 착한 친구, 착한 아내, 착한 며느리이다. 그녀는 안정형으로 편안하고 차분하며 부드러운 분위기가 돋보이는 사람이다. 그러나 너무 부드럽고 온화하기 때문일까? S양은 살면서 상대방에게 자기 의견을 강하게 피력해 본 적이 별로 없다. 상대의 기분을 고려해 언제나 참고 마는데, 문제는 그런 과정 중 발생하는 문제에 대한 스트레스는 늘 그녀의 몫이었다는 점이다.

당신을 포함한 많은 부류의 S형이 이러한 문제점을 가지고 있고, 이것은 매사에 변화보다는 안정을 추구하고, 또 안정에서 평온함을 느끼는 S형의 성향에서 기인한다. 내가 강하게 주장해서 상대의 기분을 상하게 하거나 관계가 틀어지는 것이 염려스러운 것이다. 그러한 것들은 안정형이 두려워하는 급진적인 변화의 일부이므로 차라리 참는 게 낫다고 생각하는 것이다.

그러나 옳다고 생각하는 일에 대해서는 어떨까? 분명 참지 않고 주장해야 하는 순간이 있다. 그럴 때를 대비해 자신의 의견을 주장할 수 있도록 미리미리 연습하는 것이 필요하다.

심호흡하고 아래의 글을 읽으며 천천히 마음을 가라앉혀 보라.

첫째, 나는 소중한 사람이다. 소중한 나의 기분을 위해 행동할 것이다.
둘째, 나는 솔직하게 말할 것이고, 상대방도 나를 충분히 이해할 것이다.
셋째, 나는 변화를 수용할 수 있으며 금방 익숙해질 것이다.

하고 싶은 이야기가 있다면 솔직하게 표현하는 것이 S형에게는 가장 필요한 조치이다. 처음에는 부담스러울 수 있으니 하나씩 하나씩 계단을 밟아 올라간다는 느낌으로 작은 것부터 의견을 말해보자.

예를 들어 친구가 치킨을 시켜 먹자고 했는데 당신이 내키지 않는다면 "치킨 말고 다른 거 먹자."라고 해보는 것이다. 사소한 메뉴 결정부터 서서히 단계를 확장시켜 나중에는 당신의 기분까지 표현할 수 있도록 해보라. 덧붙여 의견을 전달할 때 자칫 의가 상할까 두려운 부분이 있다면 객관적인 정보를 전달하는 것도 신빙성을 높여주어 도움이 된다.

위의 경우라면 "어머니, 얼마 전에 보니까 ○○이 친구 중에 충치가 심한 애들이 있더라구요. 치과 의사 선생님 말로는 어른이 아이 입에 뽀뽀하면 충치균이 옮을 수 있어서 좋지 않대요. 저희 가족들도 다 같이 조심하면 좋을 것 같아요." 정도로 말해 보는 건 어떨까? 조금씩 의사를 표현한다면 당신은 더욱 원하는 결과에 가까이 다가갈 수 있을 것이다.

(Tip) ·
예전에 S양이 구남친에게 서운한 점이 있을 때 필자에게 했던 얘기가 기억난다.

"지금 내가 서운한 걸 굳이 말 안 해도 남친이 다 알아줬음 좋겠어."

그때 필자는 단호히 말했다.

"말을 안 하는데 어떻게 아냐? 말 안 하면 아무도 몰라."

독심술사가 아닌 이상 나의 기분이나 생각을 말하지 않으면 상대방은 알 수 없다. 그러니 제발 알려주도록 하자.

슬로우 스타터(Slow starter)여도 괜찮아

얼마 전, 도심 도로에서 30~50km 속도로 주행해야 한다는 법안이 통과되어 온라인상에서 아주 뜨거운 감자가 되었다. 필자가 사는 부산에서는 이미 예전부터 이 법규가 시행되고 있었는데, 처음 부산에 왔을 때 운전하던 남편이 했던 말이 생각난다.

"아 진짜, 왜 이렇게 느리냐. 속 터져서 미치겠네!"

'속 터진다' 정도까지는 아니어도 느리다는 말은 안정형인 당신이 살면서 충분히 들어봄직한 말이다. 당신은 행동이 빠르지 않고, 매사 여유롭고 느긋하다. 그런 모습이 누군가에게는 답답하게 느껴질 수 있으나, 당신은 매사에 시간을 갖고 결정도 천천히 하는 것이 편한 사람이다. 그리고 그것은 당신만의 강점이기도 하다.

필자는 지금까지 계속 말하는 직업을 가져왔다. 일하다 만난 여러 동료를 살펴보면 크게 '처음부터 말을 잘하는 사람'과 '천천히 말을 잘하게 되는 사람'으로 나뉘는데, 필자가 전자에 해당한다면 전 직장 동료인 K는 후자였다. 그녀는 "어떻게 하면 말을 잘할 수 있을까?"에 대해 끊임없이 고민하고 또 노력하는 사람이었다. 언젠가 그녀가 이런 말을 한 적이 있었다. 말 잘하는 사람이 넘쳐나는 세상에서 자신은 철저한 슬로우 스타터라는 것이다.

슬로우 스타터는 원래 야구 용어로, 시즌 초반에는 성적이 부진하다가 경기를 거듭할수록 본래 실력을 발휘하게 되는 사람을 말한다. K는 이전까지 한 번도 말하는 직업을 가져본 적이 없었고, 본인이 말하는 일을 할 거라는 생각도 해본 적이 없었다고 했다. S형인 그녀는 이 일에 익숙해지는 시간이 필요했다. 같은 원고를 외워 구사하는 데도 다른 동료들보다 두 배 이상의 시간이 걸렸고, 자연스럽게 구사하기 위해서는 어느 타임에 동작을 넣을 것인지도 지정해야만 했다.

안정형은 충분한 연습과 수많은 경험, 익숙한 동료와 업무 분위기, 반복적인 패턴을 통해 스스로 안정을 느낄 수 있는 환경을 구축하는 것이 좋다. K는 일종의 연단의 시간을 거친 셈이다. 그렇게 1년, 2년 지나 6년이 지난 지금, 그녀는 능숙하게 말할 수 있는 사람이 되었고 "나 그때 사실 힘들었잖아." 할 수 있는 여유도 갖게 되었다.

그녀의 경우를 참고하여 S형인 당신이 스피커로서의 역할을 할 때 어떤 방법을 택하면 좋을지 제안해본다.

- 무조건적인 반복 천천히, 말이 입에 붙고 익숙해질 때까지 여러 번 연습한다. 툭 치면 툭 나올 정도로 '나의 말'이 되어야 한다.
- 여러 가지 상황이나 돌발 상황에 대한 대비 안정형은 돌발 상황에 대한 대처를 참 어려워한다. 예상치 못한 상황에 대한 스트레스가 큰 편

이다. 따라서 능력을 최대치로 발휘하고 싶다면 감정이 요동치는 상황 자체를 줄여야 한다. 역할극처럼 미리 여러 상황을 가정해서 연습해본다면 도움이 될 것이다.

• 환경에 대한 적응과 연습 실제 공간이나 혹은 비슷한 곳에서 연습해 보면 더 좋다. 아니면 분위기를 비슷하게 연출하는 것도 나 자신을 적응시키는 방법이다.

S형에게는 결국 충분한 시간과 연습이 필요한데, 이는 안정형의 성실함과 맞물려 최선의 결과를 만들어낼 수 있다. 마치 낙수에 바위가 뚫리는 것과 같다고나 할까? 이러한 점은 특히 일상적인 대화가 아닌 공적 스피치인 연설이나 회의, 결혼식 사회 등의 경우에 더욱 효과적으로 적용될 수 있다. 미리 머릿속으로 시뮬레이션을 하고 원고도 써 둔 다음, 문장 어디에서 숨을 쉴지, 어떤 단어를 강조할지도 미리 선정하고 연습해 최대한 안정적으로 준비를 마치는 것이다. 편안하고 익숙한 분위기도 당신이 미리 준비한다는 사실을 잊지 말자. 결국 말의 주체는 당신이다.

당신의 마음이 편해지는 속도로 천천히, 안정적으로 이야기를 꺼내 보자.

모두를 위한 거절의 기술 익히기

당신에게는 오래 알고 지낸 남사친(여사친)이 있다. 어느 날 그(그녀)가 당신에게 마음을 고백한다.

"사실, 예전부터 널 좋아했어. 우리 사귈래?"

당신은 그(그녀)가 싫은 것은 아니지만 딱히 이성적으로 좋아한다고 느껴본 적도 없다. 물론 고백을 받고 난 뒤 당신은 그(그녀)가 신경 쓰이기 시작했다. 당신과 그녀의 관계는 어떻게 될까?

A: 오늘부터 사귀기로 했습니다.

B: 그(그녀)가 좋아졌나요?

A: 아니요.

B: 그럼 왜 사귀기로 했어요?

A: 거절을 못 하겠어요….

B: 좋아하는 거 아니면 거절해야죠!

A: 제가 뭐라고… 거절했다가 걔가 상처받으면 어떡해요. ㅠㅠ

그렇다. S형이 가장 어려워하는 타입의 말은 바로 거절이다. 당신은 상대방의 기분을 좋게 해주고 싶고 다 같이 즐거운 분위기를 만들고 싶은데 그 상황에서 '안 돼', '싫어', '곤란해'라고 차마 말하지 못한다. "내가 거절했다가 우리 관계가 예전 같지 않으면 어떡해?", "내가 분위기를 망치면 어떡하지?"하는 두려움이 크기 때문이다. 그렇다 보니 원치 않은 상황에서 어정쩡하게 긍정의 말을 해버리는 경우가 있다. 사귀자는 말에 '어버버' 하다 사귀게 되거나 팀플에서 원하지 않는 파트를 맡거나 다른 사람의 부탁을 거절하지 못해 무척 바쁜 상황인데도 남의 부탁을 들어주느라 정작 자신의 일을 제대로 하지 못하는 상황이 생길 수 있다는 말이다.

그러다 최악의 경우는? 현실도피!

거절을 못 해서 시간에 쫓기거나 짐을 잔뜩 짊어진 안정형들은 어떻게든 해보려고 노력하다가 결국 답이 안 나오면 '잠수'라는 극단적인 방법을 선택하기도 한다. 물리적으로 못할 거 같은데 비난의 말도 듣고 싶지 않고, "아 몰라, 그냥 피하고 싶어." 하다 보면 땅굴 속으로 들어가는 것이다. 하지만 기억하자. 그것이 바로 최악 중 최악이라는 사실을.

살다 보면 거절해야 하는 순간이 정말 많다. 거절해도, 거절당해도 큰일이 일어나지 않는다는 것을 우리는 경험을 통해 충분히 알고 있다. 안정형의 사람은 기본적으로 배려심이 있어서 거절해도 충분히 그 마음이 전달된다. 그러니 제발, 거절을 못 해서 손바닥으로 막을 것을 댐으로도 못 막는 사태까지 만들지 말고, 안 될 것 같으면 안 된다고 미리미리 말하자.

안정형을 위한 센스 있는 거절의 기술
첫째, 충분히 고민한 뒤 말하기
후임이 당신에게 스케줄 관련 요청을 했다 치자.

"○○ 매니저님, 이번 말일에 가족들이 캠핑을 가자고 하는데 혹시 스케줄 변경이 가능할까요?"

이럴 때 단박에 "안 돼요."라고 자르는 것은 냉랭하게 느껴질뿐더러 애초에 안정형인 당신이 할 수 있는 답변도 아니다. "그래요? 조금 촉박하지만 혹시나 변경할 수 있을지 확인해 보고 말해줄게요."라고 한 뒤 약간의 시간을 갖도록 하자. 그 약간의 시간에 당신도 수용과 거절의 답을 명백히 정할 수 있고, 혹여 거절의 답을 전하게 되더라도 당신이 시간을 가짐으로써 상대를 위해 고민하고 노력했다는 느낌을 줄 수 있다.

둘째, 대안 제시하기
예를 들어 당신의 조원인 A와 B가 동시에 당신에게 업무 관련 도움을 부탁했는데 시간을 보니 먼저 부탁한 A의 것은 가능할 것 같지만 B까지는 어려울 것 같다. 이때 B에게 거절과 함께 적절한 대안을 제시할 수 있다.

"어떡하죠? 도와드리고 싶은데 A님이 먼저 부탁하셔서 오늘은 좀 힘들 것 같아요. 대신 내일도 괜찮으시면 제가 도와드릴게요. 아니면 제가 전에 찾아놓은 자료 링크가 있는데 그 부분 먼저 확인해 보시겠어요?"

상황에 따라 이 두 가지를 같이 쓸 수도 있다. 분명한 것은 거절은 당신의 권리이며 모두를 위한 결과를 만들 수 있다는 것. 한발 늦게 후회하지 말고, 아쉬움이나 후회를 남기지 말라. 필요할 때는 거절할 수 있는 사람이 되도록 하자.

안정형을 상대하는 당신에게 전하는 꿀팁

"알아서 하세요."보다는 정해 주세요

성경에 나오는 달란트의 비유를 알고 있는가? 주인이 타국으로 가기 전 세 명의 종에게 각각 다섯 달란트, 두 달란트, 한 달란트를 맡기고 떠난다. 그리고 돌아와서 그 돈을 어떻게 활용했는지 물었을 때, 다섯 달란트를 받은 종은 그 돈으로 장사를 하여 이윤을 남겼고, 두 달란트를 받은 종 역시 마찬가지로 이윤을 남겨 주인으로부터 '착하고 충성된 종'이라는 칭찬을 들었다. 그러나 한 달란트를 받은 종은 그 돈을 땅에 묻어 두었다가 주인으로부터 "차라리 그 돈을 은행에라도 넣어 이자라도 받을 수 있도록 했어야지! 이 악하고 게으른 종아!"라는 질책을 받았다.

달란트의 비유는 사실 개개인이 받은 사명을 어떻게 감당하는지에 대한 내용이지만, 종교적으로 들어가지 않고 가볍게 바라본다면 '주인이 맡긴 돈을 어떻게 투자해 성과를 냈는가?'에 대한 내용으로 보인다. 문제는 주인이 투자 방식을 정해 주지 않고 알아서 하라고 했다는 것인데, 그럴 경우 자율성이 부족한 사람들은 상당히 깊은 고심에 빠지게 된다.

당신이 안정형에게 한 달란트를 맡긴다면 그들은 쉽사리 돈을 사용하지 못한다. 임의로 돈을 썼다는 이유로 당신의 기분을 상하게 할까 염려스럽고, 또 투자했다가 돈을 잃을 수도 있다는 생각이 그들의 발목을 잡는다. 그러니 지시하는 당신이 구체적으로 결정해주어야 한다.

함께 일할 때 안정형은 눈에 띄는 창의적인 아이디어를 내는 사람은 아니지만 소리 없는 다수가 되어 묵묵히 시킨 일을 해낸다. 그러니 "알아서 해보세요.", "뜻대로 편하게 하세요."라는 말로 도리어 그들을 어렵게 하지는 말자. 그들은 규칙성을 가지고 안정적으로 짜인 일을 하는 것이 좀 더 편한 사람들이나.

"이번 프로젝트는 8월까지 할 거예요. 큰 타이틀이 있으니까 세부 내용은 알아서 해주시고 마감 때 결과물 제출해 주세요."라고 하기보다 "이번 프로젝트는 8월 15일에 마감하겠습니다. 큰 타이틀 아래 세부 내용 첫 번째는 A로 하고, 이번 주 수요일까지 다섯 장 분량으로 맞춰주세요. 관련 자료는 ○○에서 찾고 ○○ 내용 위주로 하면 됩니다."라는 식으로 업무를 지시하라. 자율성을 줄이고 부드럽게 지시를 내린다면 S형은 기꺼이 그 몫을 해낼 것이다.

급격한 변화는 너무 힘들어요. 시간을 갖고 기다려주세요

필자의 친구인 L양의 이야기를 해보려고 한다. L양은 얼마 전 회사에서 갑작스레 새 프로젝트를 담당하게 되었다. 다른 부서의 사람들과 막 협업을 시작하여 출장도 다니며 새로운 일에 적응하던 중, 살고 있던 원룸의 계약이 끝날 때가 다가왔다. 쉴 새 없이 출장을 다니고, 회의를 하고, 새집을 알아보는 일정이 빠듯했기 때문일까, 결국 L양은 병원 신세를 지게 되었다.

단순히 과로 때문은 아니었다. 난소의 낭종이 터져 꽤나 복통이 심했는데도 안정형인 L양은 자신이 업무를 처리하지 못해 다른 사람들에게 피해를 줄까 봐 통증을 무시하고 일하다 더 큰 화를 불렀다.

그때 그녀가 했던 말이 이랬다. "집에서 쉬거나 익숙한 데서 일하거나 해야 하는데, 집도 옮겨야 하고 일도 새로운 걸 해야 하니까 맘 편한 곳이 하나도 없어."라고.

그랬다. 쉬는 공간과 일하는 공간이 동시에 바뀌었고, 심지어 동료들도 바뀌어 그녀는 힘들다는 말도 차마 하지 못했다. 이것이 S형에겐 가장 힘든 환경이다. 안정형에게 안정적이지 못한 상황이 몰아치다 보니 그녀가 힘들어한 것은 너무나도 당연하다.

S형과 함께 일할 때 변화는 단계적인 것이 좋다. 익숙한 환경에서 새로운 프로젝트를 하나씩 지시해 익힐 수 있도록 하거나, 혹여 새로운 곳에서 일하게 될 때에도 최대한 익숙한 업무를 담당하도록 배려하는 것이 좋다. 여러 마리 물고기가 살고 있는 어항의 물을 며칠에 걸쳐 조금씩 갈아주는 것처럼 서서히 익숙해질 수 있도록 하자.

그리고 주의해야 할 것은 독촉하면서 몰아붙이는 것은 금물이다. 특히 "언제까지 할 수 있어요?", "한 시간 내로 가능해요?"라는 식의 시간 제한을 두는 것은 새로운 업무를 시작한 안정형들에게는 큰 부담으로 다가온다. 혼자 차분히 업무를 익힐 시간을 주는 것이 좋고, "오늘부터 한번 천천히 해봐요.", "며칠 더 하면 익숙해질 거예요.", "시간이 지나면 잘 할 수 있어요." 등의 말로 격려하는 것이 좋다. 업무와 장소는 물론 그 공기와 분위기에도 익숙해질 시간을 준다면 그들은 누구보다 성실한 동료가 되어 당신의 하루에 스며들 것이다.

신중형 소통 대화법

| 신중형의 생각 포인트 |
완벽함, 꼼꼼함, 명확한 기준, 분석,
정확한 정보, 정리정돈, 계획적인 일정 등

회사에서 사무용품을 주문하려고 한다. 필요한 물건이 있는지 물었을 때 추측할 수 있는 유형별 대답.

D형: 일단 여러 가지를 보고 필요한 거 다 사죠!(일단 지르는 타입)

I형: 아 그래요? 뭐가 필요한지 정확하게는 모르겠는데 다른 사람들한 테도 물어볼까요? (내용은 몰라도 사람들을 잘 챙기는 타입)

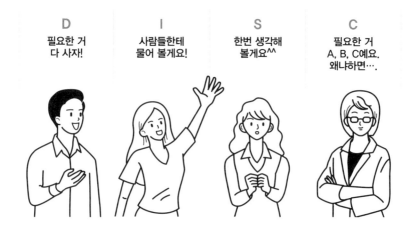

S형: 음… 혹시 필요하면 생각해 보고 나중에 말씀드릴게요.(시간을 갖고 생각해 보는 타입)

C형: 충전 케이블이랑 케이블 타이요. 충천 케이블은 ○월 ○일에 사용하다 고장 났고, 케이블 타이는 여기 선 정리가 너무 안 되어서 정리하는 데 쓰려고요.(뭐가 필요한지 정확히 아는 타입)

위 사례는 얼마 전 필자가 직접 경험했던 사례이다. 필요한 물건을 정확히 말해주는 것은 물론, 정리해야 하니 케이블 타이를 구매해 달라던 C형 직원. 노트북이나 젠더 등 여러 장비를 쓰다 보면 어차피 어질러질 테니까(그리고 이미 그대로 그냥 잘 쓰고 있었다). 필자 입장에서는 케이블 타이가 꼭 필요한가 싶었는데, C형의 입장에서는 아니었나 보다. 잠시라도 정리가 안 된 환경은 싫다는 의지였을까? 다음날 보니 사용하지 않는 박스를 잘라 칸막이를 만들어 완벽한 선 정리를 해 두었다. 물론 깔끔한 라벨링도 함께.

이것은 C형, 즉 신중형의 성향을 잘 보여주는 사례이다. 주변에 유독 필기를 잘하고 물건을 꼼꼼히 잘 챙기는 친구가 있는가? 신중형은 일 처리가 아주 완벽하고 정확하며 깔끔한 환경을 선호하고 좀처럼 실수하지 않는다. 따라서 모임에서 서기나 총무의 역할을 맡는 경우도 많다.

신중형들은 각자 맡은 일을 깔끔하고 완벽하게 하는 것을 선호한다. 남과 함께하는 것보다는 혼자 하는 것이 편한 사람들이고, 체계적으로 계획을 세워 차근차근, 시간을 충분히 가지고 일을 진행시키는 편이다. 다만 완벽을 기하는 성격 탓에 예민해질 수 있고, 또 혼자 하는 것이 완성도도 높고 편하다 보니 간혹 대인관계에 있어 취약점을 드러내기도 한다.

신중형인 당신은 어떤 것들을 생각하면 좋을까?

정답이 없는 상황이라면 상대를 배려하는 당신만의 정답을 만들자

주변을 둘러보면 절대 빈말을 못 하는 사람이 있다. 필자의 주변에서는 대표적으로 후배 J를 들 수 있는데, 예쁘지 않은 사람에게 인사치레로라도 예쁘다고 하지 못하는 것이다.

ㄴ: 선배님, 제가 서비스직이잖아요. 그래서 고객들한테 친절해야 하는데, 가족 단위 손님들이 오면 예쁜 아기들한테는 "아이 예뻐!" 할 수 있는데 아닌 아기들한테는 말 걸기가 좀 그래요.

필자: 진짜? 그럼 말 안 걸어?

ㄴ: 음… 그래도 말은 해야 하니까 그냥 "우와! 아기네?"라고 하는 거 같아요. 귀여우면 귀엽다고 하는데, 귀엽게 안 생겼는데 귀엽다고 말하기도 어렵고요.

그렇다. C형인 당신은 데이터나 근거에 의한 객관적인 정보가 필요한데, 그렇지 않다면 좀처럼 수긍하기가 어렵다. 특히 아닌데 맞다고 말하는 것은 쉽게 납득할 수 없다. 예를 들면 식당의 음식이 맛이 없을 경우 "맛있게 잘 먹었다."고 말하고 싶지 않고, 친구가 파마를 하고 왔는데 안 어울리는 경우 빈말이라도 어울린다는 말이 선뜻 나오지 않는다. "선의의 거짓말을 해도 되잖아?" 하는 차원의 문제는 아니다. 이것은 진실 혹은 거짓의 문제는 아니니까. 다만 이들은 '귀엽다', '맛있다', '어울린다'고 말하기에는 부족하다는 생각에 솔직하게 대답하게 되는데, 그러면 '냉정하다', '팩폭러다' 등의 비난이 돌아오기 십상이다.

신중형인 당신이 업무를 처리할 때, 당신은 이미 정리된 내용을 바탕으로 문제를 정확히 해결할 수 있다. 일적으로 C형은 완벽주의에 가까운 안정적인 결과를 도출해낸다. 이것은 분명 '정답이 있는 문제'를 해결할 때 아주 이상적인 접근 방식이다. 그러나 인간관계에서는? 일상 대화에서는? 또한 업무 직전의 스몰 토크에서는?

관계 속 말하기에는 매뉴얼도 정답도 없다. 우리 삶 속에 정답이 없는 상황이 아주 많다는 것을 기억하자.

다시 일상 대화로 돌아가면, 당신은 A 식당의 음식이 맛이 없었지만 주변 사람들은 맛있다고 한다. 또 친구가 유명 헤어숍에서 이상한 파마를 하고 왔는데 알고 봤더니 최신 유행인 ○○펌이란다. 이처럼 일상적인 상황에서 "다른 사람의 관점이 옳을 수도 있다.", 혹은 "내가 A를 원하지만 다른 사람들은 B를 원할 수도 있다."는 것을 한 번씩 떠올리면서 "그럴 수도 있지." 하고 받아들이는 마음을 기르는 것이 좋다.

이해되지 않는 상황이지만 칭찬하거나 긍정적인 반응을 보여야 할 경우, 눈에 보이는 객관적인 부분을 칭찬하거나 언급하는 것도 좋다.

"어머, 아기가 귀여운 양말을 신고 왔네."

(아기는 귀엽지 않아도 양말은 귀엽다)

"머리를 두 갈래로 예쁘게 묶었구나!"

(아이는 안 예뻐도 머리 묶은 방식이 예쁘다)

"엄마 아빠랑 같이 나와서 신났구나!"

(신나게 뛰어다니는 아이에게 할 수 있는 표현)

어떤가? 그 어떤 거짓과 과장도 들어가지 않았다. 당신이 인정할 수 있는 부분부터 다가가라. 좋은 관계를 위한 답은 당신이 만들어가는 것이다.

내 맘 같은 사람 없다. 너그러운 마음 갖기

우스갯소리로 직장에서 가장 좋은 상사는 머리 좋고 게으른 상사라는 말이 있다. 업무 처리 능력이 뛰어나면서도 사소한 일에는 부하 직원들을 굳이 닦달하지 않는 사람을 의미한다. 다년간 직장생활을 해본 필자도 충분히 공감하는 바이다. 그렇다면 C형, 신중형은 어떤 타입의 상사일까?

정답! 아주 꼼꼼한(+깐깐한) 상사. C형인 당신은 놓치는 부분이 거의 없다. 당신의 학창시절 노트는 너무나도 잘 정리되어 있었고, 모임에서 총무를 하거나 서기를 하는 일도 비일비재했다. 회사에서도 마찬가지로 완벽을 추구한다. 인간 알파고, 걸어 다니는 스케줄러다. 매뉴얼의 사람화가 있다면 바로 당신이다.

신중형은 정확한 업무 과정을 거쳐 최선의 결과를 내는 것을 추구한다. 앞선 단락에서도 언급했지만 그 과정에서 당신이 납득할 수 있도록 '근거'를 찾아야 하는데, 그것을 위해 당신이 입에 달고 사는 말이 있다. 바로 "왜?", "어째서죠?"이다.

당신은 정확한 설명이 필요하다. 어떻게 보면 수학 공식과도 같이 명백한 답변이 있는 작업을 더 선호한다고나 할까? 그런 이해를 위해 상대방에게도 여러 번 되물어본다. 문제는 상대방이 그걸 부담스러워할 수도 있다는 점이다.

예를 한번 들어보자.

직원: 이번 행사 사은품인 머그잔은 A업체에 의뢰하기로 했습니다.

C형: 왜죠? 여러 업체가 있지 않았나요?

직원: 작년에 A에서 하기도 했고, 그때 반응도 나쁘지 않았던 것 같아서요.

C형: 그래요? 구체적으로 어떤 점이 좋았는지 인원은 몇 명인지 확인해야 할 것 같아요.

직원: 아… 그때 대략 500개 정도 배포했는데 피드백은 좋음 정도로 나온 것 같습니다.

C형: 정확히 500명에게 나간 건가요? 몇 퍼센트가 좋다고 했는지 확인해 주시고 그 외에 피드백 나온 내용도 정리해서 주세요. 그리고 다른 업체랑 비교하면 가격은 어떤가요?

직원: A업체랑 B업체가 비슷하고 C가 조금 더 비쌌던 것 같습니다.

C형: 제품 단가가 다른 업체들이랑 비교했을 때도 적당한지 알려주세요. 그리고 C가 조금 더 비싼 이유는 뭐죠? 소재가 다른가요?

직원: 글쎄요… 일단 여기 저희가 사용할 머그잔 샘플입니다. 제가 봤을 때는 괜찮을 것 같은데, 우선 이것부터 봐주시면 좋겠습니다.

C형: 친환경 소재인가요? C회사 거랑 다른 점은 뭐죠? 추가로 인증서도 들어가나요? 뒷면에 스티커는 탈착이 되나요? 그립감은 괜찮은 것 같은데 실제로 음료도 담아봐야 할 것 같아요. 일단 A사랑 C사 샘플 비교해서 특징과 장단점 정리하고, 지난번에 받았던 고객들 반응도 정리해서 추가로 자료로 만들어 주세요.

어떤가? 관리자의 입장에서 C형 같은 직원이 있으면 아주 든든하겠지만, 상사나 리더가 이렇다면 정말 부담스러울 것 같지 않은가? 물론 신중형 입장에서는 당연히 체크해야 할 내용들을 순수하게, 꼼꼼하게 따져본 것이지만 상대방에게는 깐깐하게 보일 수 있다는 것이 문제다.

일에서 완벽을 기하는 당신은 "이렇게 하는 것이 맞다."라는 생각을

깐깐함이 지나치면 잔소리를 하게 된다

기본적으로 갖고 있어서 당연히 "상대방도 그렇겠지."라고 생각해 버린다. 하지만 안타깝게도 당신이 속한 조직에서 가장 꼼꼼한 것은 바로 당신이다.

자, 잠시 기억을 되돌려 학창 시절 조별 과제를 하던 것을 떠올려보자.

"나는 남이 조사한 내용에 만족한 적이 있었나요? 그대로 과제를 낸 적이 있습니까?"

당신 내면의 소리에 귀 기울여보자.

"아니요. 단 한 번도 없습니다."

맞다. 아마도 당신은 자료를 받아서 재차 내용을 더하고 정리해서 과제의 완성도를 높였을 것이다. 사람은 쉽게 변하지 않는다. 일할 때 당신과 같은 C형 직원을 만난다면 금상첨화겠지만 그것이 아니라면 디테일한 부분을 챙기는 것에 대한 기대는 조금 낮추는 것이 좋다.

상대방에게 부담을 주지 않고 업무적인 대화를 이어나가기 위해서 '왜?'라는 질문의 빈도를 상대적으로 줄이는 것도 기술이다. 군이 상관없는 부분은 물어보지 말자. 또 당신의 기준에서 상대방이 놓치는 부분이 발생하지 않도록 꼭 알아야 하는 부분은 애초부터 리스트 형태로 만들어 서류상으로 기재하도록 하는 것도 좋다. 무엇보다 신중형들은 일할 때 너무 디테일한 것들을 파고들다가 막상 중요한 포인트를 놓치는 경우가 종종 있으므로 너그러운 마음을 가지고 조금 두루뭉술하게 임

해보는 것도 방법이다.

"A와 B, C 업체 머그잔 가격 비교해 주시고 제품을 볼 수 있게 샘플도 주시면 좋겠어요. 그리고 작년 고객들 피드백 정리된 자료도 주시구요. 같이 확인해 보고 나쁘지 않으면 작년과 같이 A로 주문하도록 하죠."

앞서 예로 들었던 상황에서 당신이 제안할 수 있는 답변을 생각해 보았다. 어떤가? 몰아붙이는 듯한 질문 세례만 조금 더 줄인다면 상대방의 부담도 함께 줄일 수 있고, 당신 또한 너그럽고 편한 상사가 될 수 있다.

오빠는 내 맘 몰라? 먼저 감정에 공감하기

여기 결혼기념일을 맞이한 아내와 C형 남편이 있다. 그들의 이야기를 한번 들어보자.

아내: 여보, 이번 주 우리 결혼기념일이니까 오늘 와인 한잔 마실까?

남편: 결혼기념일은 어제 아니었나? 오늘은 하루 지났는데?

아내: 어제는 우리 둘 다 출근하고 바빴잖아. 그래서 주말이니까 오늘 하는 거지 뭐.

남편: 알았어. 와인은 어떤 거 사 왔어?

아내: 내가 뭐 와인을 잘 아나? 마트에서 세일하는 걸로 두 병 샀어.

남편: 보자, 둘 다 부르고뉴 와인이네. 전용 잔이 있으면 향이 더 잘 사는데 아쉽네.

아내: 우리가 와인 얼마나 자주 마신다고. 그냥 마시고 기분 내는 거지 뭐.

남편: 아니야, 이왕 마시는 거 맛을 알고 마시면 좋지. 그리고 두 병 샀으니까 비교도 해보고 싶네. 테이스팅 하려면 같은 빈티지인 게 좋은데, 하나는 2013년이고 하나는 2017년이네.

아내: 그냥 두 병 맛있게 마시면 안 돼?

남편: 원래는 같은 빈티지를 정량을 따라서 동시에 테이스팅 하고, 그 다음에는 음식과 페어링도 해보고 하는 거지. 혹시 요리도 준비했어?

아내: 어, 그냥 파스타 했어.

남편: 이건 파스타보다 한식이 더 잘 어울릴 거 같아. 다음번에 테스트 할 때는 좀 더 어울리는 거로 준비하는 게 좋겠어.

아내: 됐어. 먹든지 말든지 너 혼자 해.

남편: …왜 화가 났어?

비단 기혼자가 아니어도 커플이라면 땀이 삐질삐질 날 상황. 당신이 보기에 위 대화에서 C형, 신중형 남편의 문제점은 무엇인가? 바로 아내의 마음을 헤아리지 못했다는 것이다.

신중형인 당신은 대화할 때 소위 '영양가가 없는' 대화를 좋아하지 않는다. 건설적이고 결과값이 명확한, 객관적인 정보를 전달할 수 있는 대화를 선호한다. 또한 그런 과정을 통해 소통하며 점점 깊이 있는 대화로 들어가는 것에서 즐거움을 느낀다. 한 분야의 전문가가 될 가능성이 가장 높은 유형이기도 하다.

하지만 너무 '사실'에만 입각한 대화를 즐기기 때문일까? 감정적으로 소통하는 부분, 드러나지 않는 내면의 심리를 만지는 것에 취약한 면이 있다. 마음을 헤아리는 데 꽤 서툴다는 뜻이다. 그리고 이 부분은 노력해야만 한다. 결혼기념일에 아내가 와인을 마시자고 하는 상황에서 '와인' 자체에 관점을 둘 것이 아니라 '아내의 기분을 좋게 해주고 싶다'는 쪽으로 내화의 흐름을 이끌어가야 하는 것이다.

비슷한 맥락으로 일상에서 당신이 주변 사람에게 무심결에 하기 쉬운 실수는 바로 '맞춤법 지적'이다. 당신이 아플 때 당신을 걱정하며 "빨리 낳아."라고 했는데 "낳아가 아니고 나아야." 같은 말을 하는 경우다. 물론 필자 역시 올바르지 않은 맞춤법을 정말 싫어하지만, 배려를 받고 있는 상황에서 "너 그거 틀렸다."고 말하는 태도 역시 좋은 모습은 아니다.

"여보, 이번 주 우리 결혼기념일이니까 오늘 와인 한잔 마실까?"

"진짜? 너무 좋다. 이렇게 준비해줘서 고마워. 사랑해. 앞으로도 잘 부탁해."

사람과 사람 사이에서 때로는 사실보다 중요한 것들이 있다. 완벽히 이해되지 않아도, 100% 공감하지 못해도 상대를 배려하는 마음으로 노력하는 것. 당신의 주변 사람들이 당신에게 가장 원하는 것은 긍정과 고개 끄덕임, 감사와 애정의 표현임을 잊지 말자.

신중형을 상대하는 당신에게 드리는 꿀팁
무작정 강요는 금물, 그들의 이야기를 참고해 볼 것

언젠가 예전 직장 동료들과 한 번 식사 자리를 가진 적이 있었다. 누군가 "밥 먹고 노래방 가요!"라고 말했고, 다들 신나서 "갈래? 가자!" 하던 상황. 그때 조용히 앉아 있던 P가 말했다. "죄송한데 저는 노래를 못해서 노래방을 싫어해요. 밥만 먹고 인사하고 갈게요." 그 발언 뒤 짧은 정적이 흘렀고, 결국 그날 우리는 노래방에 가지 않았다(못 갔다).

C형들은 가끔 지나치게 솔직하다. 예의가 없다거나 막무가내인 것은 아니지만, 이들은 아닌 것은 아니라고 단호하게 말할 수 있는 사람들이다. 특히 이들은 집단적인 활동이나 우스꽝스러운 행동, 자신이 못하는 일에 대한 비선호가 뚜렷하다. 예를 들면 수련회에서 같이 여장을 한다거나 사내 체육대회에서 응원전을 한다거나 친구의 결혼식 축가를 동창들과 함께 우르르 부른다거나 하는 일들을 "굳이, 왜, 나서서!"라고 생각하는 것이다. 이런 행동을 싫어하는 이유는 비교적 단순한데, 신중형은 많은 사람과 어울리기보단 소수의 사람과 만나는 것을 선호하고, 또 일의 결과를 중시하기 때문이다.

결혼식에서 축가를 부를 때를 생각해 보자. 신중형은 노래를 정말 '잘' 부르는 것이 좋지 여럿이서 "추억이잖아." 하면서 화음도 안 맞게 부르는 것이 전혀 즐겁지 않다. 과정이 즐거운 것은 신중형에게 전혀 만족감을 주지 못한다.

어찌 되었건 이러한 점 때문에 C형들은 직장생활, 단체활동 등에서 종종 '분위기를 깨는 사람', '부정적이고 자기만 생각하는 사람'이라는 평을 받기도 한다. 특히 팀워크가 중요한 이벤트가 있다면 이들의 날카로운 언행이 때로는 눈엣가시처럼 보일 수도 있다. 그러나 당신이 신중형과 한배를 탔다면 이들의 의견을 무시하고 무작정 "같이 하자!"며 끌고 가는 것은 좋지 않다. 이들은 결과를 중시하는 우수한 전략가들로 날카로운 판단이 가능한 사람들이다. 신중형과 함께 잘 융화된 팀을 꾸릴 수 있다면 단순히 즐겁기만 한 과정 외에 좋은 결과까지 함께 얻을 수 있다.

예를 들어, 진구의 결혼식에서 축가를 담당한다고 하자. 다들 노래를 잘하든 못하든 재미난 이벤트라는 생각에 들떠 있고, 오직 C형인 친구만 "우리 노래 못해서 진짜 별로일 것 같아."라는 부정적인 의견을 내고 있다. 그럴 때 당신의 역할은?

첫째, C형에게 선곡과 파트 분배를 맡긴다 우리가 노래를 못하지? 이왕하는 거 잘할 수 있으면 더 좋을 것 같아. 우리 네 명이 같이 축가를 부른다면 어떤 노래가 좋을까? 혹시 괜찮은 노래 있으면 알려줘. 장르나 분위기도 한번 생각해 보자. 네 생각은 어때?
둘째, 연습 일정 및 계획을 세우도록 한다 결혼식이 6월 마지막 주 토요일인데, 길게는 못 하더라도 연습하면 좋을 것 같아. 몇 번 모여서 어떤 방식으로 연습하면 좋을까?
셋째, 점검하고 의견을 듣는다 같이 연습해봤는데 어떻게 보완하면 좋을까?

아마 신중형은 우리가 노래를 못한다는 전제하에 최대한 좋은 결과를 뽑아낼 수 있도록 최선을 다해 곡을 고르고 연습하고, 보완점을 제시할 것이다. 신중형이 던지는 날카로운 얘기에 섣부르게 낙심하고 그들을 비난하지 말고, 함께해야 하는 일이 있다면 그들의 지혜를 얻을 수 있도록 하자. 즐거운 과정과 좋은 결과가 같이 따라올 수 있도록.

신중형에게 필요한 시간 활용의 기술

F양은 필자가 20대이던 시절 연극을 하다 만난 지인이다. 20대, 젊은 연극배우의 수입이 넉넉하기란 쉽지 않았고, F양 역시 그러했다. 그래서일까, 그녀의 특기 중 하나는 '가격 비교 후 최저가 제품 구매'였다. 검색 후 회원 할인이나 카드, 쿠폰 할인 등을 적용해서 동일 제품을 남들보다 훨씬 싸게 구입하는 것이다.

"가격 비교해 보고 싸게 사면 그 쾌감이 있다니까."라고 말하던 그녀. 평소 알뜰하고 저축도 잘하는 그녀였기에 언젠가 그녀의 예비 신랑을 만났을 때 "얘가 참 알뜰하고 꼼꼼해요. 물건 살 때도 엄청 신중하게 구매하더라고요."라고 칭찬했더랬다. 그랬더니 그녀의 남친이 하는 말, "알아요. 같은 물건을 사도 최저가로 잘 사죠? 알뜰하죠. 알뜰하고 다 좋은데, 시간이 너무 오래 걸려요. 가끔은 종일 어떤 거 살지 핸드폰만 보고 있어요. 아무리 돈을 아끼면 뭐해요? 그만큼 시간을 한정 없이 써버리는데요."

아마 신중형과 같이 일하는 사람들은 위에 언급한 F양의 예비 신랑과 같은 감정을 느껴본 적이 있을 것이다. "결과는 좋은 것 같은데 시간이 너무 오래 걸린단 말이야.", "시간을 체계적으로 활용하지 못하나?" 같은 생각이 맴돌고, 그러다 보니 간혹 신중형에 대해 '업무 효율이 떨어지는 사람'이라는 편견을 갖게 되는 경우가 있다.

그러나 신중형은 농땡이를 부리거나 시간을 낭비하는 사람은 아니다. 그들은 언제나 부지런히 무언가를 하고 있다. 다만 '시간' 자체보다는 '일'과 '목적' 자체에 집중하는 것을 선호할 뿐이며, 좋은 결과를 위해서 최선의 값을 찾아가는 그 과정을 즐기는 사람들이다. F양 같은 경우 역시 '최저가 제품 구매'라는 목적이 우선이었기에 시간에 대해 별다른 생각을 갖지 않았던 것이다.

C형은 말 그대로 신중형, 매사에 신중한 고민을 하는 사람들이다. 이들은 생활에서 엄청난 행운을 꿈꾼다거나 지나친 과소비를 한다거나 갑작스러운 돌발 행동을 하는 일이 별로 없다. 다만 객관적으로 자기 상황을 파악해 그 안에서 최선의 결과를 도출한다.

예를 들어 자동차를 산다고 가정해 보자.

D형: A가 사고 싶으니까 A로 결정!(본인이 원하는 대로 결정)

I형: 요즘 어떤 차가 인기가 있지? 커뮤니티 보니까 B가 잘 나가는 것 같다. 한번 알아봐야지!(다른 사람들의 반응 및 유행에 민감)

S형: 지금 타고 있는 차가 ○○인데 결혼하면 일반적으로 C가 무난할 것 같아.(보편적이고 안정적인 선택)

C형: 현재 내 예산은 ○○○원인데 4인 가족 기준으로 SUV여야 하고, 신차라고 가정했을 때 가능 범주는 A, B, C. 브랜드와 옵션 등을 신중히 고려해서 구매해야지.(예산 범주 내 최고의 차를 선택)

어떤가? 유형별로 살펴보았을 때 C형, 신중형이 시간이 오래 걸리는 것은 어찌 보면 당연하다. 그렇다면 그와 함께 일하거나 대화를 주고받을 때 당신이 신경 써야 하는 부분은?

시간의 한계를 정하자.

여보, 우리 다음 달에 둘째가 태어나니까, 자동차는 이번 달에 바꾸는 게 좋겠어. 물론 그 뒤에 더 좋은 차가 나올 수도 있지만 계속 기다릴 수는 없으니까 이번 달 안에 사는 걸로 하자. 당신이 잘 비교해 보고 이번 달 안에 결정해 줘.

여기서 중요한 것은 충분한 여유와 함께 최종 마감일을 정해줘야 하다는 것이다. 이들은 독촉당하는 것을 무엇보다 싫어한다. 계획을 세워 차근차근 제대로 진행하고 싶은데 시간에 쫓기게 되면 하나하나 꼼꼼히 살펴볼 수가 없어 큰 스트레스를 받는다. 그러니 가급적이면 제한 시간을 알려주되, 대신 충분히 여유를 가질 수 있도록 해주는 것이 좋다.

필자의 지인인 F양은 여전히 최저가 물품을 구매하는 능력이 뛰어나다. 다만 그녀는 그녀의 남편과 한 가지 약속을 했단다. 회원으로 가입해서 할인 폭이 큰 딱 두 곳의 온라인 쇼핑몰에서만 검색하고, 물품은 퇴근 후 아기를 재운 뒤부터 자정 사이에 주문하는 것으로. 시간과 포털에 대한 제한이 일부 들어간 상태에서 물품을 비교하니 한결 속도도 빨라졌다고 한다.

이처럼 신중형이 최선의 결과를 내는 과정에 몰두할 수 있도록 당신은 친절한 감독관이 되어 주면 된다. 한 손에는 시계를 들고 중간중간 여유 있게, 하지만 확실하게 알려주도록 하자.

Listen

02

경청의 기술

듣는 능력이
말하는 능력을 좌우한다

"불통은 시한폭탄이다"

"자주 소통해요."

SNS에서 흔히 보는 말이다. 온오프라인 어디에서나 소통을 갈망하는 외침을 어렵지 않게 볼 수 있다. 온라인에서처럼 소통의 제안에 마우스 클릭이나 손가락 터치 한 번으로 '수락하기'와 '거절하기'를 손쉽게 선택할 수 있다면 얼마나 좋을까? 하지만 현실은 크게 다르다. 생각해서 한 말이 잔소리로 걸러져 버려지거나 경험을 나누고 싶었을 뿐인데 '꼰대'가 되어 외딴섬에 남겨지기도 한다. 그 때문에 '원래 저런 애'라는 딱지를 붙인 채 살아가는 사람도 있다.

개인뿐만 아니라 조직에서도 소통을 외친다. 기업에서는 원활한 경영을 위해 경영진과 구성원 사이에 소통을 돕는 조직을 설치하는 일은 기본이며, 대외적으로도 소비자들의 의견을 수렴하여 제품을 개발하거나 서비스를 제공하기도 한다. 정치인에게 소통은 더 없이 중요하다. 불통 이미지 때문에 지지율이 떨어지는 사례도 자주 목격된다. 그래서일까? 여론과 민심, 유권자를 향한 정치인들의 소통 행보를 쉽게 볼 수 있다.

우리는 잘 알고 있다. 소통은 평판, 이미지, 가치를 폭발적으로 끌어올릴 수도 있지만 저 멀리 안드로메다로 보내버릴 수도 있음을. 그것이 바로 강력한 소통의 힘이다. 사람이 모이는 곳이라면 어디에서든 '불통'은 논란이 되고 비판을 받는다.

불통은 시한폭탄이다. 언제 터질지 모르는 시한폭탄을 곁에 두면 불안하다. 그래서 우리는 주문을 외우듯이 때로는 강박적으로 '소통'을 강조하나 보다.

마음에도 귀가 있다

허준의 저서 《동의보감》에는 '통즉불통 불통즉통(通即不痛 不通即痛)'이라는 글귀가 있다. 한자를 그대로 풀이하면 통하면 아프지 않고, 통하지 않으면 아프다는 뜻이다. 한의학에서는 몸의 기(氣)가 바르게 통하고 피가 잘 순환하면 고통이 없고, 제대로 기가 흐르지 않으면 고통이 따른다고 한다.

비단 우리의 몸뿐일까? 그것이 무엇이든 막혀 있는 것은 좋지 않다. 수도관이 막히면 물을 공급받지 못할 것이고, 말이 통하지 않으면 답답함이 지속되어 결국 마음의 병이 생기고 만다. 조직에서는 소통의 부재로 인해 결국 생산성 저하로 나타날 것이다.

주목받는 말하기, 외면당하는 듣기

"너랑은 말이 안 통해!"

이 말 속에는 소통의 본질이 있다. 소통은 말이라는 것을 매개로 서로가 통하는 것이다. 소통을 뜻하는 영어 단어 Communication의 유래를 살펴보면 '나누다'라는 의미의 라틴어 Communicare에서 비롯되었다. 소통의 핵심은 일방적으로 전달하는 것이 아니라 서로 나누는 것이다.

소통을 실현하려면 누구 하나가 말을 독점하거나 선점해서는 안 된다는 말이다.

주변을 살펴보자. 소통을 외치면서 본인의 발언권에만 집중하는 사람들이 있지 않은가? 발언권에 집착하는 것은 관계를 단절하는 손쉬운 방법이다.

소통을 실현하려면 화자와 청자의 역할을 골고루 나누면 된다. 문제는 여기에서 발생한다. 화자와 청자를 바라보는 우리의 인식이다. 화자가 되고 싶은가, 청자가 되고 싶은가? 혹시 말하는 사람은 힘이 있어 주목받지만 듣는 사람은 양보한다고 생각하지 않는가?

우리는 말 잘하는 사람이 주목받는 시대에 살고 있다. 화자의 역할에 더 높은 가치를 부여한다. 서점에는 '말 잘하는 법'을 알려주는 책들이 쌓여 있고, 어린이나 성인 가릴 것 없이 발표 불안을 극복하고자 스피치 학원의 문을 두드린다.

그런데 말하는 방법을 배우기 위해서는 바쁜 시간을 쪼개가며 열심이지만, 안타깝게도 듣는 방법을 배우려는 사람을 찾아보기는 쉽지 않다.

절대 만만하지 않은 듣기

듣기에 공을 들이는 경우는 외국어를 배울 때다. 외국어 공부에서는 유형에 따라 반복해서 들으면서 상대가 어떤 의도로 말하는지 의미를 이해하는 훈련을 한다. 그런데 모국어를 사용하는 상황에서는 자연스럽게 말하기를 편애하게 된다. 들린다는 이유로 듣기를 소홀히 하고 있지 않은지 생각해 볼 필요가 있다.

과거 아나운서가 되기 전에는 어떻게 하면 말을 잘해서 나를 효과적으로 보여줄 것인지 고민하는 데 집중했다. '듣기'에 내어줄 마음의 공간은 없었다. 그런데 아나운서가 되고 보니 말하는 역할만큼이나 듣는 역할을 많이 해야 했다. 참으로 당혹스러웠다. 들을 줄 모르는 사람이 잘 들어야 했으니 상당히 힘들었고, 그 말을 듣는 상대도 역시 어색해했다. 어쩌다가 신입 시절의 방송을 듣거나 보게 되면 쥐구멍에라도 숨고 싶은 심정이다. 듣기란 결코 만만하지도 쉬운 것도 아니다.

신입 아나운서 시절에는 절대 이해하지 못했던 어느 선배의 조언이 이제야 이해가 된다.

"초짜는 작가가 써준 대본대로 잘 읽으려고 하고, 고수는 상대가 하는 이야기를 잘 듣고 말한다."

어떻게 하면 있어 보이게 화자 역할을 할지 생각하던 과거의 필자가 이제는 어떻게 하면 잘 듣고 잘 질문할 것인지 고민하는 수준에 이르렀다.

현장 취재나 인터뷰를 마치고 사무실에 돌아와 내용을 정리하다 보면 "해냈다!"라는 생각이 들 때가 있다. 인터뷰이가 했던 말에 마음이 뭉클해질 때도 있었다. 마음을 울리는 말은 마음속에 담겨 있던 말이고, 그런 말은 들었을 때 바로 느낄 수 있다는 것을 이해하게 되었다. 더불어 빛나는 한마디를 성공적으로 담아내는 필자가 대견하기도 했다.

"역시 전문가는 다르네요. 어쩜 이렇게 말을 잘하세요?"

촬영 현장에서 자주 듣는 질문이다. 얼마 전 진행했던 좌담회에서도 비슷한 질문을 받았다. 보통은 좋게 봐주셔서 감사하다며 웃어넘기는 편이지만 말을 잘하고 싶어 하는 마음을 이해하기에 강의 현장에서는 대놓고 듣기를 강조한디. "어떻게 하면 사람들과 말을 잘할 수 있을까요?"라고 묻는다면 필자의 답변은 생각보다 간단하다.

"말을 잘하려면 잘 들으면 됩니다."

말이 쉽지, 말을 잘 듣는다는 것은 어려운 일이다. 혁신의 아이콘 스티브 잡스는 독선적이고 오만하다는 수식어가 항상 따라다녔다. 그도 처음부터 듣기를 잘하거나 중요하게 생각하지는 못했던 것 같다. 그로 인해 지속적으로 주변인들과 마찰을 빚었고 결국 애플에서 쫓겨난다. 이후 애플에 복귀해 직원들에게 자신을 CLO(Chief Listening Officer)로 불러달라고 했다. CLO란 '최고 경청자'라는 말인데, 이 단어에서 잘 들어야겠다는 그의 의지와 책임감이 느껴진다.

다른 이에게 귀 기울이는 것은 본인의 세계 밖으로 나오는 일이다. 스티브 잡스도 자신의 세계를 넘어서 나와야 했을 것이다. 만약 그가 계속해서 독선적인 태도를 고집했다면 시대의 아이콘이 될 수 있었을까? 문득 궁금해진다.

내가 귀를 닫으면 상대방은 마음을 닫는다

"들어주고 싶은데 시간이 없어요."
"들어주려고 했는데 알아듣게 말을 해야죠."
"맨날 똑같은 이야기만 해요."

시간이 없어서, 들리지 않아서, 들을 필요가 없어서 자발적으로 '듣기'를 포기하는 사람들이 있다. 우리가 귀를 닫으면 상대는 마음을 닫는다는 사실을 외면한 채 형식적으로 말을 주고받는다. 참으로 이상하다. 분명 귀는 편한데 마음이 불편하다. 혼자가 된 기분도 든다. 마음이 닫힌 채 주고받는 말들은 허공을 떠돈다.

"'들을 권리'를 포기하지 말자. 듣는 이에게 복이 있나니…."

소통이라는 주제에서 이청득심(以聽得心)이라는 사자성어가 자주 등장한다. 상대에게 귀 기울이면 마음을 얻을 수 있다는 뜻이다. 쉽게 말해서 상대에게 귀 기울이는 일은 상대를 존중하고 인정해 주는 것이다.

사람이라면 누구에게나 인정받고 싶은 욕구가 있다. 우리는 상대가 하는 말에 귀 기울이는 것만으로도 이러한 욕구를 채워줄 수 있다. 존재를 인정해 주는 사람에게 마음이 열리기 마련이다.

인터뷰 또한 마찬가지다. 마음을 열고 진행하는 인터뷰는 확실히 다르다. 그런 인터뷰는 동료인 제작진들에게도 종종 인정받는다.

"이번 인터뷰 참 좋던데?"

마음과 인정, 한 번 듣고 두 가지를 얻는 셈이다. 그리고 인정받은 만큼 더 잘하고 싶다는 또 하나의 동기 부여가 되기도 한다. 미국의 철학자 존 듀이는 '사람은 누구나 중요한 사람이 되고 싶은 욕망'을 가지고 있다고 말했다. 지금 내 앞에 있는 그 사람의 말을 귀하게 여기면 그 사람도 나의 마음을 귀하게 여길 것이다.

그리고 한 가지 더! 상대에게 귀 기울이면 스스로 성장할 기회도 찾아온다. 이야기를 듣는 과정은 경험해 보지 못했던 세계를 간접적으로 체험하는 시간이다. 인터뷰를 진행하면서 듣는 귀가 열렸고, 인터뷰이의 삶이 전해져 필자의 세계는 더 넓어졌다. 창업해 본 적이 없어도 창업가의 고충을 이해하게 되었고 비장애인으로서 장애인의 처지를 생각할 기회를 얻었다.

지금도 늘 배운다는 마음가짐으로 인터뷰를 한다. 물론 처음부터 배우려고 한 것은 아니었다. 충고, 조언, 평가, 판단을 정중하게 거절하는 시대가 아니던가? 그저 들었을 뿐인데 동기 부여뿐 아니라 자기반성을 하게 되고 활력을 얻을 수 있었다. 그 영향으로 필자는 달라졌다. 상대에게 배워야겠다는 마음이 생겨서 오늘도 사람들의 말에 귀 기울이는 자세로 살고 있다.

경청 없는 대화는 실패한 대화

듣기도 듣기 나름이다. 말을 들어준다고 해서 다 똑같은 듣기가 아니라는 말이다. 《성공하는 사람들의 7가지 습관》에서 스티븐 코비는 듣기를 다섯 단계로 나눈다. 첫 번째는 들으려는 노력조차 하지 않는 '무시' 단계, 두 번째는 듣는 시늉만 하는 듣는 척하는 단계, 세 번째는 관심이나 흥미 있는 부분을 집중적으로 듣는 '선택적 듣기' 단계, 네 번째는 상대가 말하는 내용에 관심을 갖고 본인의 처지에서 생각해 보는 '집중적 듣기' 단계, 다섯 번째는 마음으로 이해하며 소통을 추구하는 '공감적 경청' 단계이다.

필자가 중요하게 여기고, 지금부터 다루고자 하는 듣기는 바로 네 번째와 다섯 번째 단계이다.

듣기의 기본 전략

혹시 다가가고 싶거나 가까워지고 싶은 사람이 있는가? 그렇다면 무조건 경청을 활용해야 한다. 경청(傾聽)은 기울일 경(傾)과 들을 청(聽)이 모여 글자대로 풀이하면 귀를 기울여 듣는다는 뜻이 된다. 그중에서 들

왕(王)처럼 큰 귀(耳)와
열 개(十)의 눈(目)과
하나(一)된 마음(心)으로,

귀뿐만이 아닌, 온몸과 마음을 다해!
소리뿐 아니라 상대의 마음까지 들어야!

을 청(聽) 자를 들여다보면 경청의 의미가 쉽게 와닿는다. 들을 청(聽) 자
는 귀 이(耳), 임금 왕(王), 열 십(十), 눈 목(目), 한 일(一), 마음 심(心) 자로 구
성되어 부지런히 듣고 상대에게 집중하며 마음을 다하라는 의미다. 상
대의 말은 물론이고 상대가 이 말을 꺼낸 이유, 곧 그 말에 숨겨진 감정
까지 헤아리고 마음을 다해 듣고 반응해야 한다는 것이다.

우리나라에서 존경하는 위인 1순위로 꼽히는 세종대왕은 경청을 잘
실천했던 인물로 전해진다.

"그대들의 생각은 어떠하오?"

세종실록에 자주 등장하는 표현이다. 600년 전 세종대왕은 소통이라

그대들의 생각은
어떠하오?

는 철학을 갖고 국정을 운영했다. 들을 줄 아는 왕이었기에 신분을 따지지 않고 장영실을 등용했고, 그가 마음껏 재능을 펼치도록 배려했다. 그 때문에 장영실은 조선 최고의 과학자로서 과학의 발전을 이끌었다. 세종 시기에는 과학뿐만 아니라 의학, 예술 분야까지 두루 발전할 수 있었다. 경청의 힘은 이렇게나 크다.

그렇다고 특별한 사람만 경청하란 법은 없다. 경청을 바라보는 인식을 바꾸고 경청하는 방법만 알아도 누구나 경청할 수 있다. 경청에서 비롯되는 기분 좋은 변화를 누릴 수 있다.

"그대들의 생각은 어떠하오?" 하며 묻는 세종대왕의 소통 철학을 우리의 삶에 반영해 보면 어떨까? 벽 하나를 사이에 둔 듯 잘 통하지 않았다면 "그래? 너의 생각은 어떠한데?"라고 물어보고 그 사람의 이야기를 들어보자.

내 말 좀 끊지 말아 줄래?

경청에 도움 되지 않는 습관은 자기중심적인 태도에서 비롯된다. 소통은 각자의 세계관에서 벗어나 조금씩 양보하는 과정이다. 무수한 타협점을 찾아가야 서로가 원하는 결과에 도달할 수 있다. 그런데 우리는 타고나기를 자기중심적으로 생각하고 행동하는 존재로 태어났다. 동시에 타인에게 인정받고 싶고 이해받기를 바란다.

"다 너를 생각해서 하는 말이야."
자녀에게 말한다.
"그만 좀 해. 엄마는 엄마 말만 하잖아."

자기중심적인 태도가 충돌할 때 불통이 된다. 대화에 참여할 때는 자기중심적으로 움직이는 본능을 억제할 필요가 있다. 본능을 억제하는 게 가능하냐고? 오늘 하루도 직장생활을 무사히 마무리한 우리가 보여주고 있지 않은가? 규칙을 만들고 습관화하면 충분히 극복할 수 있다.

A: "나 이번 주 금요일에 대전에 또 출장 가잖아. 왜냐면 그게…."
B: "대전? 대전 하면 튀김소보로빵이지. 좋겠다. 내 것도 사다 줘."

출장 가기 싫은 동료가 푸념하는데, 동료의 말을 끝까지 듣기는커녕 중간에 뚝 자르는 것도 모자라서 자기 말만 하는 이런 상황은 자기중심적인 태도에서 비롯되는 대표적인 습관이다. 이런 습관은 상대가 하는 말을 끝까지 다 듣지 않는 데서 나온다. 많은 사람이 상대가 말할 때 아무렇지 않게 치고 들어간다. 혹은 상대가 말하다가 잠깐 머뭇거리기라도 하면 대신 말을 이어나가거나 그 사람의 말이 끝나지도 않았는데 상황을 자기 마음대로 추측하기도 한다. 그러면서 꼭 "나쁜 의도는 아니야."라고 말한다. 변명이다. 이들은 적극적으로 경청하는 모습을 보여주고 싶고 "당신에게 공감하고 있어요."라는 뜻으로 상대를 생각해서 대화를 마무리했을 뿐이라고 말한다. 그런데 이 모습이 과연 좋아 보일까? 상대도 이해해 줄까?

의도가 좋았어도 방법이 틀렸다. 말하던 사람은 발언권을 빼앗겨서 불쾌하다. 발언권을 지키기 위해서 방어적으로 쫓기듯 말해야 하기 때문에 불안하기까지 하다.

상대가 하는 말은 끝까지 듣자.

"친구들이 말할 때 들어주는 거야. 말하고 싶어도 그 마음을 참을 수 있어야 하는 거야."

어린이 스피치 교육을 하면서 필자가 수업 초반에 자주 하는 말이다. 경청을 중요하게 여기는 만큼 필자의 교육을 받는 친구들에게는 듣기를 더욱 강조하고 있다. 고맙게도 아이들은 잘 듣는다. 말하고 싶어도 참으려는 모습이 보인다. 친구들이 말할 때는 꼭 들어야 한다는 규칙이 있기 때문이다. 이렇게 아이들은 규칙을 받아들이고 실천하면서 다듬어진다.

오늘도 듣기에 실패했습니다

상대의 말을 들으면 자신의 이야기로 자연스럽게 풀어가는 사람들도 있다. 이 역시 자기중심적인 태도에서 비롯된다. 가끔이라면 이해할 수 있다. 문제는 늘 대화의 물길을 본인 쪽으로 끌어간다는 것이다.

얼마 전부터 P는 등산을 시작했다고 친구 U에게 말했다. 그 한마디에 U는 "우리 동네에도 산타기 좋은 뒷산 있거든. 예전에는 어르신들만 좀 보였는데 요즘에는 사람들이 다 산으로 모이는 것 같아."라고 말했다. 이어서 산이 더 불안하다며 언제까지 이렇게 답답하게 살아야 하는지 모르겠다고 한탄을 늘어놓는다. 새로운 취미로 등산을 막 시작한 친구의 사기를 사정없이 꺾는 대단한 능력을 갖고 있는 U이다. 이런 사람이 생각보다 우리 주변에는 아주 많은 것도 문제다.

말끝마다 본인의 이야기를 하는 사람 앞에서 우리는 입을 다문다. 물론 듣는 일도 절대 쉽지 않다. 이런 사람들은 '투머치 토커' 기질도 있어서 짧은 이야기를 대서사시로 만들어 버리기 때문이다. 결국 대화는 끊어진다. 말을 독차지하려고 하지는 않는지 돌아봤으면 좋겠다.

발할 권리만큼이나 들을 권리도 소중하다. 말하기만 한다면 들을 기회는 없다. 들어야 채울 수 있는데 쏟아 내기만 하면 결국 본인 손해다. 열변을 토한 후 공허한 적이 있는가? 상대를 향해 마음과 귀를 열자.

"오늘도 잘못된 부분을 바로잡아 주겠어."

특별한 사명감을 갖고 대화에 참여하는 사람도 있다.
남편이 동료에게 줄 선물을 준비해 주었던 아내, 남편에게 묻는다.

"박 과장님이 좋아했어?"

남편은 말한다.

"박 과장님이 왜 좋아해?"

선물 받고 좋아하지 않았느냐고 아내가 묻자 "박 과장님한테 선물을 왜 줘?"라며 남편이 되묻는다. 아내는 누구한테 선물했냐고 묻는다. 남편이 답한다.

"박 과장님이 아니고 윤 차장님이야."

말마중

아내는 더 이상 묻고 싶은 생각이 사라졌다.

"내가 당신 회사 사람들을 어떻게 다 일일이 기억하니? 얘기하기 싫으면 말아."

한두 번도 아니고 이런 대화가 반복되면 짜증은 예삿일이다. 남편이 이렇게 말할 수도 있다.

"윤 차장을 박 과장이라고 했는데 그냥 넘어가나요?"

대화의 흐름을 바꿀 만큼 중대한 오류가 아니라면 굳이 실수를 바로잡을 필요는 없다. 지나가면서 가볍게 언급해 주는 정도가 좋다. 실수에 돋보기를 들이대는 순간 이야기는 핵심을 벗어나기 때문이다.

이런 사람들도 있다. 정확하게 말하는지 두고 보자는 자세로 대화에 참여하고 있는 사람. 퀴즈를 맞춰야 대화를 이어나가는 상대 앞에서 여유 있게 버틸 수 있는 사람은 거의 없다. 굳이 버틸 이유가 없다. 시간을 들여서까지 불쾌해지는 대화에 참여할 이유가 없기 때문이다. 하는 말마다 오류를 잡아주려는 사람과 누가 대화하고 싶겠는가? 그런데도 우리는 환영받지 못하는 대화 상대가 되기를 선택한다. 일상적인 대화에서만큼은 날카로운 교정력을 잠시 넣어두자.

"그렇다기보다는", "그게 아니라", "아니"

상대가 하는 말에 부정부터 하고 보는 사람도 있다. 이야기를 나누다 보면 결국 비슷한 맥락으로 말했음을 깨닫는다. 그렇다면 왜 부정부터 하고 보는 것일까? 실제로 필자는 지인에게 대놓고 물어본 적도 있다. 그가 대답했다.

"내가 그랬나?"

결국 무의식에서 나오는 습관이다. 어떤 사람들은 부정 표현을 긍정 표현 대신 사용하기도 한다. 대화의 상대는 이를 이해할 리가 없다.

우리는 어떤 습관을 갖고 대화에 참여하고 있는가? 이번 기회에 스스로 돌아보면 좋겠다.

자기중심적인 태도는 대화의 흐름을 싹둑 끊어 놓는다. 좋은 모습으로 상대의 기억에 남기에도 부족한 시간, 굳이 짜증스러운 사람이 될 필요가 있을까?

입을 다물고 마음까지 닫게 만드는 듣기 습관을 떨쳐내자.

습관을 고치는 방법은 간단하다. 이런 습관이 있다는 사실을 인지하고 조심하는 것만으로도 나아질 수 있다. 물론 꾸준한 노력이 뒷받침되어야 한다.

피할 수 없으면 생각부터 바꿔라

"피할 수 없으면 즐겨라."

이 말을 학창 시절에 한 번쯤 접했을 것이다.

"이왕 공부하는 거 재미있게 해. 공부하면 내가 좋니? 네가 좋지."

어릴 적 귀에 딱지가 앉도록 들었던 말이다. 꼰대 감성 물씬 풍기는 말로 들릴지 모르겠으나 "이왕 들을 거라면 그 순간을 즐겨라."라고 말하고 싶다. 왜냐하면, 마음가짐을 어떻게 갖느냐에 따라 듣는 시간이 유익할 수도, 때로는 킬링타임이 될 수도 있기 때문이다. 다행히 듣기는 마음을 어떻게 먹느냐에 따라 편차가 크다. 듣는 시간은 인내하는 시간이라는 편견부터 버리자. 인내라고 생각하면 괴롭다. "인내는 쓰고 열매는 달다."라는 말이 통했던 과거에는 인내하면서 들을 만한 이유가 있었지만 요즘에는 인내가 쓰면 열매도 쓴 법이다. 생각의 전환이 필요하다. 듣는 시간은 얻어가는 시간이라고 생각해 보자. 필자 역시 듣기를 통해 배웠고, 동기 부여가 된 덕분에 성장할 수 있었다. 듣는 행위에 가치를 부여하면 좋겠다.

나는 듣는다 고로 호감형이다
나의 평소 대화하는 모습을 카메라로 촬영해서 모니터링을 한다고

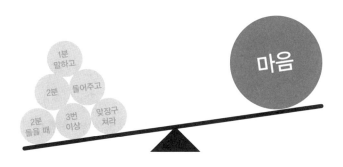

상상해 보자. 우리는 어떤 자세로 상대가 하는 말을 듣고 있을까?

만약, 누군가 필자에게 경청을 주제로 영화를 기획하라고 한다면 그 영화의 주연으로 '자세'를 뽑겠다. 상대에게, 내가 집중해서 듣고 있노라고 자세로 알려주는 것, 이것이 듣기의 핵심이자 기본이기 때문이다.

그렇다면 우리가 어떤 자세로 들어야 상대는 집중한다고 느낄까?

기본적으로 몸을 앞으로 살짝 기울이고 손은 상대가 볼 수 있는 위치에 놓은 채 듣는다면 적극적으로 듣고 있다는 인상을 줄 수 있다. 말하는 상대를 부드럽게 쳐다보는 것도 중요하다. 상대에게 집중하고 있다고 알려주며 예의를 갖추는 일이기 때문이다.

반대로 조심해야 할 행동들도 있다. 필자의 경험을 예로 들자면, 인터뷰를 진행할 때 팔짱을 끼거나 다리를 꼬거나 다리를 떨지 않도록 신경 쓴다. 자세가 다듬어지지 않으면 건성으로 듣거나 방어적으로 듣는다는 인상을 주어 상대에 따라서는 불쾌함을 느낄 수도 있다.

듣는 자세로 상대에게 집중하고 있음을 알려주는 것도 중요하지만 말로 표현하는 일 역시 중요하다. 맞장구를 활용해서 강력하게 어필해 보자. 맞장구는 대화를 깊이 있게 나눌 수 있도록 돕는 역할을 한다. 어쩌다가 대화가 본론에서 벗어나더라도 제자리로 돌아오게끔 알려주는 나침반 역할을 하기도 한다.

맞장구라고 다 좋은 것은 아니다. 반복적인 맞장구는 몰입을 방해하기도 한다. 대화 내용이 바뀌었고 분위기가 달라졌는데 똑같은 톤으로 맞장구치는 상대를 보면 이야기를 제대로 듣고 있는지 의구심이 든다.

때로는 침묵도 훌륭한 맞장구가 된다. 필자의 경우 카메라 앞에서 인터뷰할 때 침묵을 자주 활용하는 편이다. 침묵은 화면에서 깔끔하게 연출되고 대화 몰입도를 높이기 때문이다. 침묵할 때는 필자의 시선이 오롯이 상대를 향한다는 느낌으로 쳐다본다. 침묵과 시선이 만났을 때 시너지 효과는 생각보다 크다. 상대를 부드럽게 쳐다보면서 고개를 끄덕이기만 해도 상대에게 진심이 전해질 것이다.

손바닥도 마주쳐야 소리가 난다는 말이 있다. 맞장구도 빛을 발하려면 대화 분위기와 상대의 페이스에 어울려야 한다. 자세, 소리, 침묵을 골고루 활용해서 상대가 하는 말을 듣자.

경청은 결코 쉽지 않다. 초점을 상대에게 맞추고 머리와 마음을 끊임없이 움직여야 하기 때문이다. 들을 여건이 되지 않는다면 상대에게 양해를 구하는 것도 괜찮다.

"지금은 이야기를 듣기가 어려울 것 같은데 이따가 말해 줄래?"

지금 당장 흘려듣는 것보다 나중에라도 제대로 듣는 편이 현명하다.

성과를 가져다주는 듣기 사용설명서

우리의 의지만으로 경청이 이뤄지지 않을 때도 있다. 이는 노력이 통하지 않는 상대가 있다는 말이기도 하다. 필자도 수많은 사람의 이야기를 들으며 느꼈다. 비슷한 노력을 들였는데 어떤 사람이 하는 말은 순순히 들리지만 그렇지 않은 사람도 분명 있었다. 어떤 상대냐에 따라 듣는 방법을 달리할 필요가 있다.

상대에 맞추는 똑똑한 듣기 전략

쉴 새 없이 말을 쏟아 내는 사람들이 있다. 필자의 경우에는 말이 많은 사람과 인터뷰하기가 쉬웠다. 그들은 말수가 적은 사람보다 많은 정보를 쏟아 내기 때문이다. 물론 진행 과정에서나 편집할 때 시간이 많이 필요하기는 하다. 어디까지나 방송에서는 말수가 적은 것보다는 많은 것이 좋다. 하지만 일상생활 속에서는 그렇지 않다.

바쁘게 살아가는 우리에게 주어진 시간은 한정되어 있다. 말이 많은 사람의 이야기를 언제까지 들어줄 수는 없는 노릇이다. 적당한 선에서 끊어야 한다면 힘 있게 치고 들어가는 편이 좋다. 영화감독이 컷을 외치

듯 힘 있게 들어가서 상대가 했던 말을 정리하는 것이다.

대화를 중단하거나 화제를 돌리려고 한다면 상대가 반발할 수도 있다. 하지만 우리의 언어로든 상대의 언어로든 그가 말했던 내용을 재정리해 주는 일은 대화에 유익하다. 상대는 우리의 입을 통해서 자신이 했던 말을 확인하게 된다. 그것은 일종의 거울 효과로서 대화 참여자들 사이에 공감대를 만든다.

그래도 말이 많은 사람들은 대화하려는 의지가 있다. 그런데 말하고자 하는 일말의 의지도 찾아볼 수 없는 불쾌한 태도로 대화에 참여하는 사람들도 있다. 여기서 상대의 페이스에 말려들 필요가 없다. 우리 기분만 상할 뿐이다. 상대의 태도가 호의적이지 않다면 성정 때문인지 일시적인 감정 때문인지 관찰해볼 필요가 있다. 성격이라면 상대를 바꾸기는 쉽지 않다. 무리하지 말자. 상대가 지닌 가시에 찔리지 않을 최소한의 방법 정도만 마련하자.

필자는 거리 두기를 추천한다. 적당히 선별해서 듣자는 말이다. 세 치혀가 사람 잡는다고, 상대의 사소한 한마디나 작은 행동에 상처 입을 수도 있다. 하지만 기억하자. 우리는 소중한 존재다. 상대가 무의식적으로하는 말과 행동을 의식할 필요가 없다. 때로는 대화에도 거리 두기가 필요하다.

상대의 불쾌한 태도가 일시적인 기분 탓이라면 우리가 할 수 있는 일이 있다. 그가 하는 말을 들어줌으로써 그의 감정이 가라앉도록 도와주는 것이다. 필자가 인터뷰했던 기업인 D는 첫 만남부터 불쾌하다는 메시지를 보내고 있었다. 사무실에 도착하고 시간이 제법 지났건만 그는 보이지 않았다. 예정된 시간을 훌쩍 넘겨서야 나타났지만 기다리게 해서 미안하다는 말 한마디 없었다. 필자 역시 개인적으로는 불쾌했지만 주어진 인터뷰는 진행해야 했다.

천천히 대화를 이끌어가기 시작했다. 대화를 이끌어가려면 상대를 관찰하고 그의 눈높이를 파악하는 일이 우선이다. 다행히 상대는 말과 행동으로 끊임없이 메시지를 보낸다. 우리는 그가 하는 말을 듣고 그의 눈높이에서 맞장구를 놓는다. 실제로 대화가 오고 가면서 그의 태도가 부드러워지고 있음을 느꼈다. 그리고 그는 갑작스럽게 사과했다.

"섭외 담당자가 불쾌하게 하더군요. 실은 오늘 인터뷰 안 하려고 했어요. 오신 분들 그냥 가시라고 하기에도 뭐하고… 아까 무례하게 해서 미안합니다."

알고 보니 섭외 과정에서 담당자와 갈등이 있었고 문제가 해결되지 않자 동료들인 우리에게 자신의 감정을 투영했던 것이다.

상대의 감정에 빠져들지 않는 게 중요하다. 그러기 위해서는 관찰이

　　　　　　　말마중

필요하다. 가벼운 대화를 나누면서 상대를 파악하는 것이다.

"왜 저렇게 말할까? 저렇게 행동하는 이유가 뭘까?"

관찰은 상대에게 감정적으로 몰입되지 않도록 우리를 지켜준다. 어느 정도 관찰했다면 상대가 반응을 보이는 주제, 소재 등으로 '우호적인 관계'를 만들어 가야 한다. 이때 말과 행동 모두 부드럽게 연출하는 것이 핵심이다. 기업인 D의 첫인상은 강렬했지만 대화를 나눌수록 괜찮은 사람이라는 생각이 들었다. 듣지 않았다면 배우지 못했을 시간이었다. 그의 말에 귀 기울였기에 그에 대한 이해가 더 깊어졌다고 생각한다.

세상은 넓고 대화 상대는 다양하다. 난감할 정도로 말수가 적은 사람을 만나본 경험이 있을 것이다. 방송 제작자 입장에서는 말수가 적은 사람보다 말이 많은 사람이 인터뷰를 진행하기에 수월하다. 말이 많은 사람은 말이 많은 만큼의 정보를 제공하기 때문이다. 당연히 선별적으로 방송 분량을 뽑아낼 수 있어 아주 좋다.

그런데 말이 없는 사람을 만나면 바빠진다. 상대와 우호적인 관계를 만들고 분량까지 뽑아내야 하기 때문이다. 게다가 진행자로서 침묵은 허락하지 않는다는 일종의 의무감까지 더해지면서 부담감이 필자의 어깨를 짓누르기도 한다.

이때도 마찬가지로 관찰이 필수다. 상대가 반응하는 '관심사'를 찾으면 대화하기가 쉬워진다. 어떤 사람이든 관심 분야에는 적극적이다. 마음의 문을 열면 편안한 분위기에서 대화를 나눌 수 있다. 필자의 경우에는 공통의 관심사를 찾아서 부드러운 분위기를 만들고 질문을 덧붙여

가면서 필요한 분량을 뽑아낸다. 이런 인터뷰 스킬은 일상적 대화에서도 충분히 도움이 된다.

대화할 배 상대와 어떤 관계를 맺느냐에 따라서 대화가 잘 풀리기도 하고 부담스러워지기도 한다. 우리가 상대에게 괜찮은 사람이라는 인상을 주면 상대는 마음을 열고 속내를 말한다. 이는 어느 정도 말과 행동으로 연출할 수 있다. 그것이 바로 일종의 이미지 메이킹이다.

배워서 바로 써먹는 실전 듣기 전략법

우리는 일하면서 다양한 사람을 만나게 된다. 그들과 좋은 관계를 맺는 것은 우리가 성과를 내기 위한 첫 단계다. 상대와 우호적인 관계를 맺으려면 그의 말에 귀 기울이는 것부터 시작하자. 듣기는 짧은 시간에 신뢰를 쌓는 최고의 방법이다.

업무상 누군가를 만날 때 상대의 눈높이를 헤아릴 수 있으면 좋다. 무엇보다 관찰하는 데 공을 들이도록 하자. 관찰을 통해 상대를 파악하고 상대의 눈높이와 기준에서 대화하면 어느 순간 우리는 필요한 존재가 된다. 자신의 이야기를 들어주고 의견마저 통하는 상대를 거부할 사람은 어디에도 없기 때문이다. 듣기란 두 사람의 대화를 탄탄대로 위로 올리는 것이다.

회사에서 세 손가락 안에 드는 영업사원 K를 만난 적이 있다. 영업 분야에서 인정받는 사람이라면 얼마나 말을 잘할까 싶어 괜한 언변에 넘어가지 말아야겠다고 다짐했다. 그런데 얼마 지나지 않아 K와 편하게 이야기를 나누는 필자의 모습을 발견하게 되었다. 돌아보면 K의 듣는 자세는 남달랐다. 호기심에 반짝이는 눈으로 대화의 분위기를 따라가

듯 맞장구쳐 주던 모습을 기억한다. 경계를 풀면서 이 얘기 저 얘기 꺼내던 필자의 모습도 기억난다. K가 가진 영업력의 핵심은 바로 경청하는 자세였다.

여러 사람이 모였을 때도 개인을 만날 때만큼이나 전략이 필요하다. 참여자들 사이에는 일반적으로 중심인물이 있기 마련이다. 중심인물을 기억하되 다른 사람들에게도 관심을 나눠주자.

한 번은 필자가 다소 어렵고 낯선 모임에 참석한 적이 있었다. 재미있는 이야기가 오고 갔지만, 당시 그 모임에 처음 참석했던 필자는 알게 모르게 위축되어 있었다. 그런데 순간 어떤 참석자가 필자를 향해 미소 짓는 것이다. 순간 필자 역시 대화에 참여하고 있다는 느낌을 받았다. 관찰해 보니 필자를 향해 웃었던 참석자는 다른 참석자들에게도 눈을 맞추면서 골고루 관심을 나눠주고 있었다. 이날 듣기 노하우가 하나 더 생겼다. 관심을 두루 나누는 사람이 되자.

우리의 관심은 상대의 참여도에 영향을 미친다. 상대를 바라보고 웃어주기만 해도 누군가에게 고마운 사람이 될 수 있다.

면접에서 활용할 수 있는 듣기 노하우도 있다. 지금까지 면접 스피치라고 하면 말하기에만 신경 쓰고 있었을지 모른다. 하지만 이제는 듣는 자세도 챙기자. 디테일이 남다른 지원자로 거듭날 것이다.

면접이란 상상만 해도 떨린다. 하지만 부담감을 덜어내고 본인다움을 어필할 수 있어야 한다. 가장 쉬운 방법이 듣기다. 긴장 해소에 도움이 될뿐더러 다른 사람이 하는 말에 귀 기울이는 지원자라는 인상을 줄 수 있다. 게다가 면접관이 질문한 의도를 생각한 후에 대답하기 때문에 면접관이 기대하는 답변을 할 확률도 높아진다.

열린 자세로 듣는 것이 중요하다. 부드러운 표정과 무언의 맞장구로 확실하게 듣고 있음을 어필한다. 면접과 같이 특별한 날을 위해서 평소에 자주 미소 짓는 것도 도움이 된다. "웃는 낯에 침 뱉으랴."라는 옛말처럼 미소는 상대와 우호적인 관계를 맺는 단순하고도 강력한 방법이기 때문이다.

"자주 웃으시고 평소에 얼굴 스트레칭을 해두시는 거예요."

면접 지도를 하면서 교육생들에게 강조하는 부분이다. 오랜만에 운동하면 뻐근하고 몸이 안 따라준다고 느끼듯 얼굴 근육도 마찬가지다. 오랜만에 쓰려고 하면 자연스럽지 않다. 얼굴 근육이 뻐근하지 않도록 평소에 풀어 둬야 한다. 면접 잘 보는 법이라고 해서 거창한 비결이 있는 것이 아니다. 같이 일하고 싶은 지원자가 되도록 말하고 행동하면 된다.

이번에는 전화 통화다. 전화 통화가 부담스럽다고 느끼는가? 성인 남

말바중

녀 두 명 중 한 명은 전화 통화에 두려움을 느끼는 '콜포비아'를 호소한 다고 한다. 필자도 예전에는 낯선 번호만 뜨면 심장이 덜컥 내려앉을 만큼 부담을 느꼈던 적이 있다. 지금은 낯선 이와 통화하는 일이 부담스럽지 않다. 업무 특성상 전화로 소통을 자주 하다 보니 익숙해지기도 했고 필자만의 노하우가 생긴 까닭이다.

그렇다. 전화 통화가 익숙하려면 전화를 자주 사용해야 하고 전화 통화할 때 우리만의 요령이 있으면 된다. 그런데 현실에서는 메신저나 문자 같은 텍스트가 전화를 대체하니 전화 통화가 더욱 부담스럽다.

이것만 기억하자. 말할 때는 웃으면서 하고, 들을 때는 맞장구를 확실하게 친다.

전화는 음성 커뮤니케이션이다. 우리는 상대의 목소리, 혹은 말투 등에서 감정을 읽는다. 이 과정에서 이미지가 왜곡되는 경우가 있다. 전화로 이야기를 나눴을 때보다 실제로 만났을 때 더 괜찮은 사람인 경우를 필자도 일하면서 많이 보았다. 그렇기 때문에 필자는 말할 때 미소를 머금고 또박또박 발음하려고 노력하는 편이다. 역지사지를 실천하는 것이다.

들으면서도 상대의 이야기에 집중하고 있음을 알려줘야 한다. 이번에도 역시 맞장구다. 다만 통화할 때의 맞장구는 대면 맞장구보다 간단하고 분명하게 표현해 주는 것이 좋다. 전화 통화를 하면 대면으로 이야기를 나눌 때보다 내용의 정확도가 떨어질 수 있기 때문에 맞장구칠 때 대화 내용을 확인하는 데 집중해야 한다. 그런 맞장구를 활용한다면 자칫 놓치거나 통화 내용을 잘못 이해하는 비율을 많이 줄일 수 있다.

업무적인 관계, 개인적인 관계 가릴 것 없이 우리에게는 듣기가 필요하다. 듣는다는 것은 상대를 향한 관심이기 때문이다. 상대와 지난번에 나눈 대화를 기억한다면 이번 만남에서 어색함은 줄고 할 말은 생긴다. 우리가 사연스럽게 대화를 이어 나가면 상대는 어색한 분위기에서도 편안함을 느낄 것이다.

상대의 관심사를 알고 있다면 상대의 눈높이에서 대화를 이끌어 내기 수월하다. 필자는 공통의 관심사를 찾아서 공유하려고 노력하는 편이다. 때로는 자녀나 반려동물의 이름을 기억했다가 대화 중에 부르기도 한다.

동료 B와 친해지기 시작했던 때가 생각난다.

"저희 아이 이름을 기억해 주셔서 감사해요."

그는 환하게 웃으면서 말을 건넸다.
노력하면 누구나 실천할 수 있다. 듣기는 그만한 가치가 있는 일이다.

마음의 문을 여는 질문 사용설명서

"이봐 한 주임, 한 주임은 무슨 일 처리를 이렇게 하나? 모르면 물어봤어
야지. 왜 일을 두 번씩 하게 만들어?"

조직에서 일하다 보면 흔히 듣게 되는 상사의 말 중 하나다. 상사들은
친절한 설명 없이 일을 주기도 한다. 그리고 일을 준 상사에게 잘 알아듣
지 못했음을, 이해가 안 됐음을, 정보가 부족함을 구체적으로 질문하지
못하고 대충 알아들은 척한다. 명확한 정보가 없으니 제대로 일을 하기

란 어렵다. 그러면 상사에게 깨지고 일을 두 번 하게 된다. 참으로 피곤한 현실이다.

우리는 왜 질문하기를 주저하는 걸까

2010년 G20 정상회의 당시 버락 오바마 미국 대통령은 기자 회견에서 한국 기자들에게 질문할 기회를 주었다. 하지만 누구도 나서지 않았다.

"아무도 없나요?"

몇 차례 질문을 던졌지만 기자 회견장에는 침묵이 흘렀을 뿐이다. 이 장면은 EBS 다큐멘터리에서도 소개되며 많은 화제를 모았다. 기자들만의 문제는 아니었다고 생각한다. 질문 기피 현상은 우리나라 곳곳에서 발견되기 때문이다.

학창시절을 떠올려 보자.

"질문 있는 사람?"

선생님의 입 밖으로 이 말이 나오는 순간 우리는 수업을 끝낼 준비를 한다. 선생님은 교실을 나가고 두 학생이 대화를 나눈다.

"이거 이해했어?"
"아니. 너도 무슨 말인지 모르겠지?"
"나중에 따로 물어보든가 하지 뭐."

수업 시간에 이해가 안 되는 내용이 있으면 질문하기보다는 인강을 통해 처음부터 공부하는 쪽을 선택했고, 대학교에 가서도 인터넷에서 검색하거나 동기에게 물었다. 돌아보면 그 자리에서 선생님에게 질문하고 마무리를 짓는 편이 깔끔한데 말이다.

왜 우리는 질문하기를 두려워하는 걸까?

어릴 적부터 길든 암묵적인 규칙이 있다. 질문은 좋은 질문과 나쁜 질문으로 나뉜다는 믿음의 일종이다. 우리는 좋은 질문, 즉 '관련 있는' 질문만을 해야 한다고 생각한다. 그렇지 않으면 선생님의 수업을 방해하는 학생이 되거나 다른 학생들의 학습을 방해하는 학생이 되어버린다. 점차 질문하기를 포기하며 궁금한 건 참아도 방해하는 존재가 되는 건 못 참는 우리가 된 것이다.

다 아는데 나만 모르고 질문한 것은 아닐까 하는 두려움에 질문을 주저하기도 한다. 우리는 질문하는 사람은 모르는 사람, 질문을 안 하는 사람은 잘 아는 사람이라고 단정 짓는다. 하지만 실상은 그렇지 않다는 걸

알고 있다. 질문하지 않는다고 해서 이해한다고 말할 수 없고, 질문한다고 해서 부족한 사람이라고 말할 수 없다.

좋은 질문을 해야 한다는 부담감과 부족함이 드러날까 걱정하는 모습에는 타인의 시선을 과하게 의식한다는 공통점이 있다. 흔히 한국인을 가리켜 "집단 안에서 끈끈하게 연결되는 인간관계를 더욱 중시하는 경향이 있다."고 말한다. 우리는 주변인들과 맺는 관계를 위해서라면 자유나 권리를 어느 정도 양보해 왔다. 최근 들어 바뀌어 가고는 있지만 질서를 무너뜨리는 행위에 거부감을 갖는 정서도 한몫했다.

주변 시선을 의식하는 것에 익숙한 우리에게 질문이란 용기가 필요한 일이다. 하지만 용기를 낼 만한 가치가 있다. 질문을 바라보는 인식부터 바꾸자. 우리는 질문을 통해 앞으로 나아간다.

어떤 이들이 과감하게 던진 질문들은 세상을 바꿨다. 떨어지는 사과를 보고 만유인력을 발견한 뉴턴까지 거슬러 갈 것도 없이 지금도 질문은 세상을 바꾸고 있다.

"전단지를 모바일 앱으로 모아서 보면 어떨까?" 하는 질문에서 배달 앱이 탄생했고, "매일 아침 집에서 질 좋은 먹거리를 받을 수 있다면 얼마나 좋을까?" 하는 물음 덕에 신선 식품 새벽 배송 서비스가 시작되었다. 질문했던 사람들 덕분에 우리는 편리한 생활을 누리고 있다. 세기의 발명이나 발견, 혹은 혁신은 질문에서 출발했다.

"저희의 이야기는 바로 이 질문에서 시작되었습니다."

강연 프로그램에서 자주 등장하는 멘트는 이를 뒷받침한다. 물론 입

밤마중

밖으로 나온 모든 질문이 세상을 바꾸지는 못한다. 하지만 삶과 주변 관계는 바뀐다. 현실이 답답하고 미래가 막막한가? 사람들과 말이 통하기를 바라는가? 질문이야말로 우리의 바람에 걸맞은 적절한 해결책이다.

그럼에도 질문해야 하는 이유

스무고개 놀이를 해 본 적이 있을 것이다. 질문 기회는 스무 번 주어지고 정해진 시간 안에 적절한 질문을 던져서 제시된 문제를 맞혀야 한다. 갈피를 잡지 못하는 초반에는 안갯속을 지나듯 답답하다. 놀이가 진행될수록 머리가 맑아진다. 질문이 쌓이는 만큼 단서를 얻기 때문이다.

질문에는 답이 따른다. 본능적으로 답을 기대하고 질문을 던진다. 우리는 어릴 적부터 묻는 말에 대답하지 않으면 예의에 어긋난다고 배웠다. 질문에는 대답해야 한다는 일종의 의무감마저 갖고 있다. 대답하면 어떤 답을 하든지 간에 인정해 주는 편이지만 회피하거나 침묵하는 사람에게는 어떠한가? 의심의 눈빛을 보낸다.

질문하면 답을 얻을 수 있다. 첫술에 배부르지 않더라도 반복적으로 질문하는 과정에서 정답에 다가갈 수 있다. 질문을 많이 할수록 아는 것이 많아진다. 질문하는 사람은 답을 요구할 권리가 있고 아는 것이 많아지니 대화에서 주도권을 잡을 수 있다.

질문하고 대답하는 과정에서 참여자 사이에 역학관계가 분명하게 드러나는 경우가 있다. 바로 면접이다. 면접에서는 질문하는 '면접관'과 대답하는 '지원자'가 있다. 면접관은 지원자에게 질문하고 지원자가 하는 말을 들으며 적합성을 판단한다.

그렇다면 지원자는 면접관이 하는 질문에 대답만 해야 하는 수동적인 역할이 최선인가? 그렇지는 않다. 대답하더라도 어떤 답을 하느냐가 중요하다. 면접관이 어떤 질문을 할지 미리 정리해 보는 과정에서 면접관이 기대하는 적절한 대답을 준비할 수 있다. 질문을 통해 어떤 사람을 원하는지 미리 파악하는 과정도 일종의 질문 활용법이다.

질문은 생각을 자극하는 효과도 있다. 질문을 받으면 두뇌는 활발해진다. 답을 찾기 위해 집중하기 때문이다. 때로는 몰입을 경험하기도 한다. 이 과정에서 의외의 답을 발견하기도 하고 예상하지 못했던 방향으로 생각 길이 트이기도 한다.

필자는 강의를 마무리하는 과정에서 배운 것을 정리해 보는 시간을 갖는다. 열린 결말 형태로 교육생 스스로가 이번 교육에서 무엇을 배웠는지 생각해 보는 시간을 갖는 것이다. 각자의 언어로 배운 내용을 정리하면서 성취감을 느껴서일까, 필자가 내용을 정리해 줄 때보다 강의 만족도가 높다.

필자는 특히 생각을 자극한다는 측면에서 질문의 필요성에 공감한다.

우리의 하루를 떠올려 보자. 종일 쉴 틈 없이 자극에 노출된다. 자극에 쫓기다 보면 무감각해진다. 스스로 생각하는 힘을 잃어버리게 되는 것이다. 자고 일어나면 바뀐 세상을 마주하는 요즘, 생각하는 힘은 자신을 지킬 수 있는 방법이다.

질문한다. 고로 존재한다.

"취미가 뭐예요?"

"야구 좋아하시나요? 어떤 팀 응원하세요?"

"좋아하는 영화 장르는 뭐예요? 주로 언제 영화 보세요?"

좋아하는 사람이 생기면 그 사람에 대해 알고 싶어진다. 그런 마음은 질문의 형태로 자연스럽게 표현된다.

질문은 상대에게 관심을 표현하는 방법이 되기도 한다.

소개팅을 떠올려 보자. 소개팅은 질문과 답이 활발하게 오가는 자리다. '소개팅에서 절대 해서는 안 될 질문', '소개팅에서 상대의 호감을 얻는 질문법', '소개팅 질문 모음' 등 소개팅과 관련한 질문과 코칭법이 온라인에 차고 넘친다. 상대의 호감을 얻고 싶다면 질문으로 관심을 표현하자.

질문하면 호감도 얻을 수 있다. 질문하려면 내가 말하기보다는 상대가 하는 말에 귀를 기울여야 한다. 잘 들은 내용을 바탕으로 궁금한 것을 또 물어본다. 이처럼 상대를 향한 관심이 있어야만 질문도 할 수 있는 것이다. 상대방의 말을 듣고 질문하고 또다시 잘 듣는 과정을 반복하며 상대가 "나를 향해 집중하고 있다, 관심을 갖고 경청하고 있구나!"를 느끼게 하는 것이다. 우리가 질문하는 상대에게 호감을 느끼는 이유가 바로 이것이다.

비즈니스 관계에서도 질문은 강력한 힘을 발휘할 수 있다. 크리에이터로 활동하는 필자는 종종 제품 협찬을 받는다. 어느 날 협찬받은 제품을 살펴보다가 궁금한 점이 생겼다. 그래서 제품을 보내준 A업체에 질문했다. 담당자는 요청했던 정보를 상세하게 알려주며 이렇게 말하는 것이다.

"이런 질문을 받게 돼서 너무 기뻐요. 저희가 협찬을 많이 진행했지만 제품에 대한 문의를 주신 분은 처음이거든요. 저희 제품에 대한 관심이 느껴져서 저희도 더욱 열심히 해야 할 것 같아요."

며칠 후 택배 한 상자가 도착했다. A업체가 보낸 것이었다. 상자를 열어보니 출시를 앞둔 제품들이 골고루 들어 있었다. 궁금한 점을 물었을 뿐인데 상대와 거리가 가까워지고 택배 언박싱 기회까지 따랐다. 질문할 만하지 않은가?

이렇듯 질문하면 필요한 정보도 얻고, 아이디어도 얻고, 관계도 좋아진다. 하지만 질문이 가까이하기엔 너무 먼 이유는 스스로가 질문의 맛을 느껴본 적이 없기 때문일 것이다. 질문도 어떻게 하느냐에 따라서 맛이 있을 수도 있고, 없을 수도 있다.

다음은 똑똑하게 질문하는 방법들이다. 이 방법들은 일상에서 질문하는 즐거움을 누리도록 도와줄 것이다.

방법을 알면 질문하기 쉬워진다

단순하게 묻자. 군더더기는 빼고 핵심을 담아 질문하자는 말이다. 질문이 단순하면 상대가 질문의 의도를 파악하기 쉬워서 유효한 답을 얻어낼 확률이 높아진다. 핵심 파악은 의사소통 과정에서 기본이다. 하지만 기본에 소홀한 경우가 많다. 상대가 묻는 말을 이해하지 못해서 얼버무리거나 화제를 돌린 경험이 있을 것이다. 질문하는 입장이라면 상대가 이해하기 쉽도록 핵심을 담아서 단순하게 물어야 한다.

상대에게 돌직구를 던지는 것 아니냐고 우려할 수도 있다. 무엇을 어떻게 묻느냐에 따라서 상대의 기분을 상하게 하는 무례한 돌직구가 될 수도 있고, 가려운 등을 시원하게 긁어주는 사이다 돌직구가 될 수도 있다.

'아 다르고 어 다르다'는 말처럼 질문을 구성하는 어휘나 표현은 신중하게 생각한 결과물이어야 한다. 이외에 억양, 어조, 말투도 상대에게 맥락을 이해시키는 단서가 된다는 사실을 기억하자.

한 번에 하나씩 질문해야 한다. 어린 자녀, 혹은 조카가 질문하는 모습을 자세히 살펴보면 배울 점이 있다. 아이들은 한 번에 하나씩 묻는다. 질문을 받는 입장에서 귀찮을지언정 하나씩 대답해 나가면 된다. 하지만 어떤 어른들은 욕심을 낸다. 주어진 시간 동안 준비된 질문을 다 끝내야 한다고 생각하는 듯하다. 상대는 뭐부터 대답해야 할지 혼란스러워진다.

어린이 스피치 수업이 끝나면 보호자들이 아이들을 데리러 온다. 함께 강의실을 나서는 모습을 지켜보면 자연스럽게 그들이 나누는 말도 듣게 된다. 엄마는 아이의 옷을 입히면서 말한다.

"오늘 수업 어땠어? 재미있었어? 선생님이 뭐라고 하셨어?"

옷을 다 입은 아이는 한마디 한다.

"얼른 키즈 카페 가자!"

엄마가 한 번에 하나씩 질문했다면 아이는 꼭꼭 씹어 대답했을 것이고, 관계가 돈독해지는 질문의 효과를 경험했으리라.

상대에게 질문할 때 자신의 모습을 떠올려 보자. 말할 때는 표현 방법도 중요하다. 메시지를 받아들이는 과정에서 맥락을 고려하기 때문이다. 의사소통은 말과 글로만 하지 않는다. 반언어적 표현과 비언어적 표현도 활용한다.

반언어적 표현은 억양이나 어조를 통해 나타나며 말의 느낌을 풍부하게 만들어 주는 역할을 한다. 그리고 비언어적 표현은 표정, 몸짓, 손짓 등을 말하며 반언어적 표현과 마찬가지로 대화를 나눌 때 이해도를 높여서 효율적인 의사소통을 가능하게 한다. 의사소통에 실패했다면 반언어적 표현이나 비언어적 표현을 놓쳤을 확률이 크다.

연이어 쏟아지는 질문에 쫓기는 듯한 느낌을 받은 적이 있을 것이다. 툭툭 던지는 말투에 대답하고 싶은 의지가 꺾인 적이 있을 것이다. 상대가 스마트폰을 바라보거나 다른 일을 하면서 질문하면 자동 응답기처럼 대답이 튀어나간 적도 있을 것이다.

의사소통의 기본자세는 상대를 부드럽게 바라보는 것이다. 질문도 마찬가지다. 이때 말투도 둥글게 신경 쓰면 좋다. 질문하고 난 후에는 상대가 대답할 때까지 기다려야 한다. 끼어들고 싶고 정리하고 싶고 추측하고 싶은 마음이 들겠지만 의식적으로 멀리하는 연습이 필요하다. 말은 몸과 마음이 상대를 향할 때 빛나는 법이다.

마지막으로 상황에 따라 알맞은 질문을 활용하자. 이것은 앞에서 소개한 다른 방법들보다 비교적 난이도가 높다고 할 수 있다. 앞에서 소개한 몇 가지 방법들은 실천하기만 하면 되지만 이 방법은 어떤 질문이 적합할지를 스스로 판단해야 하기 때문이다.

물론 효과는 크다. 상황을 고려해서 질문하는 습관이 있다면 대화에서 주도권을 잡을 수 있다. 질문함으로써 대화 참여자들을 원하는 방향으로 가이드하는 것이다. 필자 역시 강의나 인터뷰 현장에서 이 방법을 즐겨 사용한다.

열린 질문 vs. 닫힌 질문

질문에도 종류가 있다는 사실을 알아두자. 질문은 크게 두 가지 종류로 나눈다. 개방형 질문(Open Ended Question)과 폐쇄형 질문(Close Ended Question)이 그것이다. 개방형 질문에는 자유로운 대답이 따른다. 질문하는 사람은 선택지를 제공하지 않는다.

"어떻게 생각하시나요?"
"무엇을 알고 있나요?"
"말씀해 보시겠어요?"
"설명해 보시겠어요?"

이러한 질문들은 개방형 질문으로 분류되는 대표적인 사례다.

개방형 질문은 심층적인 대답을 요구함으로써 참여자들의 생각을 자극하고 참여도를 높이는 결과를 가져온다. 대화를 나누는 사람들의 관계도 돈독해진다. 개방형 질문은 대답하는 사람에게 집중하는 질문 형태로 표현 욕구를 충족시킬 수 있기 때문이다. 본인의 의견이나 생각을 말하고 싶어 하는 마음을 활용한 것이다. 하지만 여기에는 유의해야 할 점이 있다. 상대와 마음의 거리가 어느 정도 되는지 헤아리는 일이 우선이다. 서로 친하지 않은 관계에서 개방형 질문을 한다면 상대는 진지하게 대답하지 않을 것이다. 의견이나 생각이라는 것은 개인적인 영역이므로 가깝지 않은 사이에서 굳이 드러낼 이유가 없기 때문이다.

또한 개방형 질문은 대답을 떠올리기까지 시간이 오래 걸릴 수도 있고 대답이 끊기지 않을 수도 있다. 주어진 시간이 얼마 없는 자리에서 개방형 질문을 한다면 맺고 끊기가 쉽지 않을 수 있다.

폐쇄형 질문은 미리 준비된 선택지에서 답을 선택하거나 특정된 답이 있는 질문이다. 대답의 형태는 예/아니오, 사지선다형, 단답형 등으로 존재한다.

"대한민국의 수도는 어디입니까?"
"이번 교육이 유익했다고 생각하십니까?"

이런 질문들은 폐쇄형 질문에 속한다.

폐쇄형 질문은 상대를 파악하는 단서가 될 수 있다. 대답하는 입장에서 깊게 생각할 필요가 없기 때문에 부담이 덜하다. 간단하게 참여도를 높이는 방법으로 활용하기도 하고 대화를 나눌 때 확인, 유도, 정리 등 깔끔하게 끝맺음을 하는 효과를 얻기 위해 사용하기도 한다. 또한 대화가 깊이 있게 들어가지 않기 때문에 필요한 정보를 얻을 수 있고, 이야기가 삼천포로 빠질 확률도 낮다. 하지만 대답을 요구하는 분위기 특성상 상대는 부담감이나 압박을 느낄 수도 있다. 장르물 드라마에 등장하는 수사 대상이나 취조 혹은 조사받는 인물처럼 말이다.

상대와 돈독한 관계를 맺기 어렵다는 한계도 있다. 대화가 형식적이고 경직된 상태에 머물기 때문이다. 리얼리티 프로그램 속에 등장하는 처음 만난 두 남녀처럼 "취미가 뭐예요?", "좋아하는 음식이 뭐예요?", "어떤 일 하세요?"라고 열심히 질문해 보지만 어느새 대화는 끊기고 야속하게 적막만 흐른다.

가까운 관계로 발전시키고 싶다면 이렇게 질문하라

조금 더 가까운 관계로 발전하고 싶은 사람이 있다면 폐쇄형 질문에서 개방형 질문으로 넘어 가보자. 이때 상대가 자신의 이야기를 하게끔 분위기를 마련해 주면 된다. 물론 상대가 마음에 들지 않는다면 폐쇄형 질문을 반복하는 것이 맞다. 상대에게 보내는 정중한 거절인 셈이다.

필자는 강의 현장이나 컨설팅을 할 때 개방형 질문과 폐쇄형 질문을 골고루 섞어서 활용하는 편이다. 폐쇄형 질문으로 우호적인 분위기를 만들고 개방형 질문을 활용하여 교육생들의 참여도를 높인 다음 다시 한번 폐쇄형 질문으로 마무리하는 식이다.

코로나19로 인해 열린 온택트 시대, 재택근무 활성화로 화상회의 플랫폼 이용이 폭발적으로 증가했다. 이제는 누구나 진행자 내지 호스트 역할을 해야 한다. 오프라인에서는 분위기 덕에 자연스럽게 넘어가던 상황들이 진행자의 역량을 시험하는 무대가 되었다. 질문은 특정 직업군의 영역이 아니다. 개방형 질문과 폐쇄형 질문을 골고루 활용하여 안정적으로 회의를 진행하는 멋진 호스트가 되어 보자.

질문을 제대로 활용한다면 상대와 관계를 맺을 수 있고, 돈독한 관계로 발전할 수도 있다. 생각을 자극할 수 있고, 메시지가 의도한 대로 전달되었는지 확인하거나 대화 내용을 정리하는 효과도 있다. 어떤 질문이든 상황이나 목적에 맞게 활용한다면 그것이 바로 최고의 질문이다.

친절한 질문 사용설명서

인사를 잘하는 사람에게 인사성이 밝다고 말한다. 필자는 질문을 가까이하는 사람에게 "질문성이 밝다."고 표현하고 싶다. 질문은 습관이다. 필자가 스피치 교육을 통해 아이들의 질문력이 향상되는 모습을 보면서 깨달은 사실이다.

초등학교에 입학하면서부터 필자와 수업했던 교육생 J가 있다. 처음에는 다른 아이들과 크게 다르지 않았다. 의견이나 생각을 물어보면 "그냥요.", "몰라요."라고 대답하기 일쑤였다. 머뭇거리다가 단답형으로 모면하는 날도 있었다. 감사하게도 J의 부모님은 오랜 기간 필자에게 스피치 교육을 맡겨 주셨다. 필자는 질문하는 힘을 키워주고 싶다는 목표를 갖고 3년 넘게 J와 수업을 진행했다.

J는 질문에 익숙해지면서 표현력이 눈에 띄게 향상되기 시작했다. 평소 책을 많이 읽는 습관까지 더해져 시너지 효과가 나타난 것이다. 모국어가 탄탄하니 외국어 습득도 빠르고 질문을 통해 기른 호기심, 탐구력, 창의성은 과학과 같은 과목에서 빛을 발하고 있다. J는 앞으로가 더 기대되는 학생이다.

질문을 가까이해야 한다. 거부감이나 부담을 사서 가질 필요는 없다.

질문이 습관으로 자리 잡으려면 두 가지가 필요하다. 기꺼이 질문하는 우리와 어떤 질문이라도 너그럽게 받아주는 상대가 있어야 한다. 의사소통은 서로 영향을 주고받기에 누구 하나가 잘한다고 소통이 이루어지는 것은 아니다.

사소한 질문부터 자주 하자

스스로에게 묻고 상대에게 묻는 연습부터 시작해 보자. 깊이 있는 질문을 던질 필요는 없다. 헬스할 때를 생각해 보면 사소한 질문의 중요성을 이해할 수 있다. 처음에는 자세를 잡는 데 집중하고 중량은 점진적으로 올린다. 그래야 몸에 무리가 가지 않고 부상 확률도 줄어들기 때문이다. 사소한 질문은 자세 잡기에 해당한다.

만약 질문이 익숙하지 않다면 질문하는 행위 자체에 큰 용기가 필요하다. 그럴 때는 질문 난이도를 낮추고 자세부터 만드는 게 먼저다. 질문 확장은 나중 문제다. 작은 성취가 모여 자신감이 생기듯 작은 질문부터 시작해서 질문력을 키우자.

"어떤 일부터 처리할까?"
"어디부터 들르지?"
"오늘 저녁은 뭐 먹지?"

이렇게 우리는 알게 모르게 질문하는 삶을 살고 있다. 스스로에게 묻고 머릿속으로 정리하고 행동하기를 반복한다. 이제 무의식 속에 있던 질문들을 바깥으로 꺼내보는 것이다. 왜 이러한 선택을 했는지 이유까지 곰곰이 생각해 본다면 질문력은 껑충 자라 있을 것이다.

상대와 대화할 때도 마찬가지다. 대화 내용을 확인하고 정리하는 질문부터 시작해 보자. 다 이해하는 내용일지라도 일단 질문해 보는 것이다.

"이렇게 이해했는데 맞아?"
"제가 제대로 이해했나요?"

아는 내용이기 때문에 자신감 있게 물어볼 수 있을 것이다. 부분적으로 내용을 확인하는 질문부터 시작해서 전체적으로 내용을 정리하는 질문까지 하다 보면 어느 순간 상대에게 자연스럽게 질문하는 자신의 모습을 발견하게 될 것이다.

질문을 받는다면 이것부터 파악하자

만약 상대에게 질문을 받는다면 질문의 내용, 의도, 감정 그리고 말하는 사람의 욕구 등을 파악하자. 처음에는 내용을 파악하는 것조차 쉽지 않을 것이다. 이때 마음은 상대를 향하고, 귀는 열고, 머리는 부지런히 움직이며 내용을 파악해야 한다. 나아가 상대의 반언어적 표현과 비언어적 표현 등을 관찰하며 의도와 감정을 헤아리기 바란다. 경청 연습을 한다고 생각하며 우리에게 던져지는 질문들을 품다 보면 어느새 공감의 달인이 되어 있을 것이다.

우리는 다양한 사람과 관계를 맺고 있다. 그중에는 만족하는 관계도 있을 것이고, 미묘하게 안 맞는 관계도 있을 것이다. 만약 관계를 개선하고 싶은 사람이 있다면 용기 내어 질문해 보는 건 어떨까? 나와의 관계,

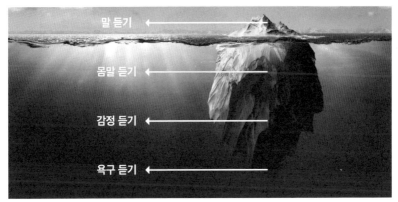

말 듣기

몸말 듣기

감정 듣기

욕구 듣기

내적 경청

부모와 자녀 사이, 곁에 있는 지인들의 태도가 바뀔 것이다.

취업 컨설팅에서 만났던 청소년 H가 생각난다. H는 질문에서 목표를 발견한 케이스다. 당시 우리는 로켓을 쏘아 올리고 전기차 시대를 연 일론 머스크에 관한 이야기를 나누고 있었다.

"무엇이 그를 행동하게 했을까?"

"나는 왜 그가 멋지다고 생각하는 걸까?"

"나는 어떤 도전을 하고 싶지?"

"나는 무엇을 할 수 있을까?"

적극적으로 질문 교육에 참여하여 자신에 대한 단서를 모아가던 H는 현재 명실상부한 최고의 기업에서 첫 사회생활을 하고 있다.

우리의 질문은 자아를 키운다. 과거를 묻는 질문에서 자신을 이해하고 미래를 묻는 질문에서 자신의 가능성을 끌어올리자. 우리는 그럴 만

한 가치가 있다.

"나 자신에게 질문하는 힘을 잃지 마세요."

필자가 특강이나 취업 교육을 나가서 강조하는 말이다. 복잡한 세상에서 휩쓸리거나 날아가지 않으려면 튼튼한 두 다리가 필요하다. 우리는 질문을 통해 버티는 힘을 기를 수 있다. 사실 우리는 일상 속에서 질문하고 있다. 잠들기 전이나 혹은 일어나서 생각한다.

"뭐부터 하면 좋을까?"

끼니때가 되면 자연스럽게 떠오른다.

"뭐 먹지?"

사소할지언정 우리는 늘 질문했고 선택했다. 그 결과가 모여 지금 우리의 현재 모습이 된 것이다.

말마중

이제는 어깨 으쓱하며 '질문하는 삶'을 산다고 말해도 괜찮지 않을까? 가끔씩이라도 깊이 있는 질문을 던져 보자.

"무엇을 할 때 행복하지?"
"주로 어떤 상황에서 분노하지?"

나를 향해 질문하면 성향이나 가치관 등 자신을 가리키는 수많은 단서를 얻을 것이다. 마음을 들여다보는 과정에서 나를 이해하게 된다.

"그때 내 마음은?"

필자는 질문 교육을 하면서 이 부분을 중요하게 생각한다. 우리에게는 어느 때보다도 우리 자신을 이해하는 질문이 필요하다. 나와 잘 지내기에도 부족한 시간, 나에게 소홀한 사람들이 많아서 안타까울 뿐이다.

가족 구성원 간에도 질문이 필요하다. 필자는 가정에서야말로 질문하는 문화가 만들어져야 한다고 생각한다. 상대를 불쾌하게 만들지 않으면서 자유롭게 질문하는 분위기 말이다. 부드러운 질문이 넘치는 집에서는 화목하고 단란한 가정이 되기 위해 가족 구성원이 접점을 찾아 나가고 있다.

우리는 각자의 생활을 마치고 집으로 돌아온다. 그리고 바깥에서 우리를 보호하거나 방어하기 위해 입었던 두꺼운 옷들을 벗는다. 무방비 상태가 되는 것이다. 세상 어디에도 우리 집만 한 보금자리는 없을 것이다. 아니 없어야 한다. 그게 바로 가정이다. 그런데 현실은 어떤가? 우리는 가족이라는 이유로 쉽게 말하고 행동한다. 서로 보듬어 줘야 한다는 사실을 알면서도 말이다. 크고 작은 불화의 씨앗은 집안 곳곳에서 자라고, 우리는 각종 사건, 사고들을 접한다.

말부터 신경 쓰자. 날카로운 말을 주고받을 이유는 없다. 주는 사람은 후회하고 받는 사람은 아프다. 가까운 사이일수록 말과 행동에 신경 써야 한다. 우리는 멀리 내다보고 오래 함께 가야 하는 '가족'이기 때문이다.

"양말 제대로 벗어 놔!"
"상 차리는 것 좀 도와!"

가정 언어에는 노골적인 명령문이 자주 등장한다. 명령문은 쉽고 단순하다. 듣는 사람을 생각할 필요도 없고 존중을 표현하기 위해 고민할 필요도 없다. 그래서 듣는 사람이 불쾌한 것이다. 자신을 향한 존중과 배려가 없다는 사실을 잘 알기 때문이다.

"빨래를 시키는 것도 아닌데 양말이라도 제대로 벗어놔야죠."
"집안일은 저만 하나요? 같이 하는 거 아닌가요?"

맞다. 당연하다. 그런데 모두가 인정하는 합당한 이유라고 하더라도 명령문으로 내뱉는 순간 효과는 떨어진다. 명령하는 말이 목구멍 어딘가에 걸쳐 있을 때 한 번만 생각하자. 이때 질문을 활용하면 말에 존중과 배려를 담아낼 수 있다.

"아들, 양말 좀 제대로 벗어 줄래?"

"회사 다녀와서 힘들지? 내가 반찬 덜 테니까 자기가 수저 좀 놔주라."

고운 말로 부탁하면 상대는 자발적으로 행동하게 된다. 자발적인 행동은 강력한 효과를 발휘한다. 양보하는 것 같고 물러서는 것처럼 보여도 원하는 것을 얻고 관계도 유지할 수 있는 현명한 방법이 바로 질문이다.

질문은 상대에게 관심을 표현하는 적절한 방법이기도 하다. 질문이라는 행위로 상대에게 적극적으로 다가갈 수 있다. 질문과 대답이 오고 가는 과정에서 기쁨, 슬픔, 분노 등의 감정을 소화하고 유대 관계는 더욱 돈독해진다. 작은 이야기부터 시작하자.

"오늘 학교에서 뭘 먹었니?"

"선생님이 하신 말씀 중에 기억에 남는 게 뭐야?"

특히 자녀와 나누는 대화에서는 마음을 다해 질문해야 한다. 언제든 너의 이야기를 들어주겠다는 믿음을 심어주는 것이다.

배우자에게 물을 때도 마찬가지다. 사랑해서 결혼했어도 각자의 생활에 집중하다 보면 어느 순간 소홀해지기 쉬운 존재가 배우자다. 상대가 과거에 이야기했던 단서들을 소재로 활용하면 질문거리들이 떠오를 것이다.

"사무실 계약했어? 이 대리님은 뭐래? 이사하기 싫어했잖아."

"자기랑 이렇게 시시콜콜한 이야기 나누는 게 나에게는 소확행이야."

이렇게 리액션까지 덧붙인다면 센스 만점이다.

질문으로 소소한 일상을 마음껏 공유하며 검은 머리 파뿌리 될 때까지 오래도록 행복했으면 좋겠다.

가슴속에 사표를 품고 집을 나서는 우리. 더러운 순간에 사표를 던지고 직장을 박차고 나가고 싶지만 현실은 현실이다. 직장이, 업무가, 동료와의 관계가 무의미하게 느껴진다면 질문하는 습관을 만든다고 생각하고 하루를 시작해 보면 어떨까? 소소하지만 확실한 변화가 찾아올 것이다.

우리는 이미 질문이 가져오는 다양한 효과를 알고 있다. 생각을 자극하고, 답을 찾고, 호감을 얻어내는 질문의 마법은 일을 하면서도 빛을 발할 것이다. 우리가 어디에 있든지 결국 사람과 사람이 만나는 일이니까 말이다.

상처 주고 입을 닫게 만드는 질문

직장은 우리에게 각종 방안과 더 나은 접점을 이끌어 내기를 기대한다.

우리의 목표는 무엇인가, 지금 당장 무엇을 할 것인가, 어떻게 해야 성과로 이어질 것인가? 이렇게 어떤 일이든 의식적으로 질문하면 업무의 핵심이 눈에 들어온다. 어떻게 해야 효율을 높일지 생각하며 행동하게 된다.

한 사람의 변화는 주변에 있는 다른 사람들에게도 영향을 미친다. 조직에서 질문하는 사람들은 가려운 곳을 긁어주는 귀한 존재들이다. 그렇게 되기를 희망한다. 어떤 조직이든 변화에 발맞추고 혁신을 추구해야 하기 때문이다. 질문하는 조직은 생존과 성장에 필요한 방안을 찾아 행동할 수 있다.

변화와 혁신을 위한 총대가 부담스럽다면 올바른 방향으로 가고 있는지 확인하는 질문을 하자. 사회는 '샐러드 볼(Salad Bowl)'이다. 다양한 개성을 가진 사람들이 모여 조화를 이룬다. 의사소통 과정에서 생기는 문제는 자연스러운 일이라고 볼 수 있다. 그래서 우리에게 확인하는 질문이 필요한 것이다. 조심하면 문제가 발생할 확률을 낮출 수 있기 때문이다.

대화를 나누면서 상대가 이야기한 내용을 제대로 이해했는지 질문으로 확인할 수 있다. 실제로 필자는 인터뷰하면서 상대에게 자주 묻는다.

"이렇게 말씀하셨는데 제가 제대로 이해한 건가요?"

필자는 확인을 받아야 안심하고 다음 이야기로 넘어갈 수 있다.
회의를 진행하게 되었다면 마음껏 질문하자.

"이런 의견을 주셨는데 맞습니까?"
"이러한 의견이 나왔습니다. 궁금한 점 있으십니까? 없으시다면 다음으로 넘어가도록 하겠습니다."

질문하면 상대 발언을 정리하고 자연스럽게 다음 이야기로 화제를 전환할 수도 있다.

깔끔한 진행은 진행자에게도 참여자에게도 도움이 된다. 진행자는 은근히 돋보여서 좋고 참여자는 회의다운 회의를 한 것 같아 좋다. 무의미한 회의, 혼나는 회의, 싸우는 회의 등 우리는 오래도록 색안경을 쓰고 회의를 바라보았다. 그럴듯하게 형식이라도 갖추면 "내가 이러려고 회의에 참여했나." 하는 자괴감은 들지 않을 것이다.

질문하는 개인만큼이나 필요한 것이 있다. 그것은 바로 질문에 너그러운 분위기다. 수평적 관계를 지향하더라도 수직적 질서가 있을 수밖에 없는 곳이 조직이다. 그 안에서 개인들이 발휘하는 힘은 제한적일 수밖에 없다. 질문을 받아주는 분위기가 조성되어야 생산적인 질문도 오고 갈 수 있다.

책임감을 갖고 회사를 다니는 사원 R이 있다. 소통을 강조하는 상사가 그에게 말했다.

"개선 방안이나 좋은 의견이 있으면 자유롭게 이야기하세요."

그는 며칠을 고민하다가 자신이 담당하는 업무의 효율성을 높이는 방안을 보고서로 올렸다. 상사가 한마디 했다.

"이 부분은 신경 쓸 일이 아닌 것 같은데요."

결론부터 말하면 상사의 한마디는 R의 마음에 상처를 내고 입을 닫게 만들었다. 이게 바로 말의 힘이다. 상사가 R의 의견이 탐탁지 않더라도 이렇게 표현했다면 어땠을까?

"나중에라도 참고할게요. 고민하느라 고생했어요."

경직된 분위기에서 소통은 허공에 대고 외치는 메아리일 뿐이다. 이

말마중

러한 조직에서는 좋은 의견이 있더라도 말하려는 이는 없을 것이다.

조직 내 리더십이란 별거 아니다. 귀를 열어 경청하고 마음을 열어 질문을 받아들이는 태도다. 질문하는 인재들은 조직이 변화 속에서 살아남고 트렌드를 이끌도록 기여할 것이다.

리더십이 고민인가? 그렇다면 질문에 너그러운 분위기부터 만들어보자.

경청에 매력을 더하는 메모의 기술

경청과 질문만으로도 충분히 원활한 소통을 할 수 있다. 하지만 필자는 이쯤에서 한 가지를 더 소개하려고 한다. 그것은 바로 메모다. 메모는 경청과 질문을 빛나게 할 것이다.

각 분야에서 성공한 사람들은 대개 메모하는 습관이 있다. 이들은 저서나 인터뷰에서 메모의 중요성을 강조한다. 필자는 가끔 생각한다. 어쩌면 메모만 잘해도 성공하는 것은 아닐까? 메모는 직업군이나 분야를 가리지 않고 효과를 발휘한다. 의사소통에서 효율을 높이는 역할을 하기 때문이다.

기억하고 싶고

감동받았고

말마중

소소하지만 확실한 메모의 효과

메모는 마음의 짐을 덜어준다. 잘 들어야 한다는 생각, 질문해야 한다는 생각에서 자유로워질 수 있다. 들리는 대로 적고 궁금한 부분이 있으면 적어서 상대에게 확인하면 그만이니까. 게다가 기억만으로 모든 정보를 처리할 때보다 정확도마저 높다.

필자는 인터뷰를 구성하는 과정에서 메모하기 시작했다. 현장에서 기록하지 않더라도 인터뷰를 진행하는 데 무리는 없었다. 문제는 그 이후였다.

"아까 인용해야겠다고 생각한 부분이 있었는데 어디쯤이었더라?"

인터뷰 기사를 작성하기까지 아웃풋 대비 인풋이 너무나 컸다. 비효율적이었다는 말이다. 고생하기 싫어서 메모를 시작했다고 표현하는 편이 솔직한 심정일지도 모른다.

인터뷰 현장에서 기록한 메모는 책을 읽으면서 붙여나가는 인덱스와 비슷했다. 대화를 주고받으며 기억하고 싶은 부분, 공감하는 부분 등을 즉석에서 가려냈다. 촬영 후 원본과 메모를 맞춰보며 맥락에 맞게 넣을 내용은 넣고 뺄 내용은 빼면 되니까 수고를 덜면서도 방향을 잃지 않는 방법이다. 메모하지 않았다면 결코 버틸 수 없었을 것이다. 메모는 정보라는 망망대해에서 등대가 되어 주고 때로는 나침반도 되어 주었다.

메모의 효과는 업무에만 국한되지 않는다. 추억을 곱씹으며 생활에 활력을 불어넣을 수 있다. 인간은 본능적으로 망각하는 동물이다. 망각 덕분에 고통스러운 기억에서 회복되기도 하지만 소중한 기억마저 잊어

버리는 일도 있지 않은가? 메모는 망각으로부터 추억을 지키기 위한 적극적인 몸부림이다.

얼마 전 필자의 친구가 '몇 년 전 오늘'을 보여줬다. SNS에는 오늘 날짜에 쓴 과거 포스팅이나 게시글을 보여주는 기능이 있다. 그게 바로 '몇 년 전 오늘'이다. "10년 전에 이러고 있었구나!", "그래도 점점 더 예뻐졌다!", "세상에! 완전 잊고 있었어!"라며 우리는 신나게 이야기를 나눴다. 오랜만에 느끼는 흥이었다. 추억은 가뭄에 단비처럼 일상에서 마음을 적셔 주는 존재라는 것을 깨달았다. 기록하기 참 잘했다는 생각이 들었다.

메모하는 과정에서 아이디어를 얻기도 한다. 메모를 들여다보고 있으면 생각하게 된다. 몰입은 사고를 자극한다. 창조하는 업을 가진 사람들에게, 성과를 내고 혁신해야 하는 사람들에게, 무료한 일상에서 변화가 필요한 우리에게 아이디어는 국면 전환의 계기를 마련해 줄 것이다.

실제로 필자는 아이디어가 필요한 순간 생각 판을 벌인다. 평소 기록해 뒀던 메모에서 소재를 찾는 일은 기본이고, 생각 그물을 비롯해서 만다라트, 로직트리까지 다양하게 활용한다. 생각을 펼치다 보면 머릿속에서 아이디어가 들끓는 게 느껴지고 표를 채워 나가다 보면 아이디어가 정리되고 순서가 잡힌다. 아이디어를 구체화하고 구현할 수 있어서 강의하거나 영상물을 기획할 때 큰 도움을 받고 있다.

메모 루틴 만들기

우리는 이미 메모하고 있다. 통화할 때 메모하거나 회의에 참가해서 상대가 하는 말을 받아 적기도 하며 여행을 가서 스마트폰으로 촬영을 하기도 한다. 모든 것이 기억하기 위한 기록이다.

별거 없는 일상일수록 메모로 기록되어야 한다. 기록물에서 특별함을 발견할 것이기 때문이다. 우리의 '지금'은 소중하지 않은 순간이 없다. 도구는 이미 준비되어 있다. 아날로그 방식이 좋다면 무선이나 유선 노트 중에서 취향에 따라 선택하면 된다. '얼죽디(얼어 죽어도 디지털 족)'라면 아날로그와 타협할 필요가 없다. 우리에게는 스마트폰이 있지 않은가?

필자의 가방에는 항상 필통, 노트, 휴대용 블루투스 키보드가 들어 있다. 상황에 따라서 수기로 메모를 하기도 하지만 스마트폰으로 간편하게 메모를 끄적이기도 한다. 카메라, 음성 녹음, 노트 등을 활용해서 다채롭게 기록한다. 게다가 스마트폰과 노트북이 연동되는 앱까지 사용하면 편리하게 메모를 관리할 수 있다. 우리는 이런 시대에 살고 있다.

지난봄 길을 걷다가 차 위에 떨어진 벚꽃 잎이 너무 예뻐서 사진으로 남겼다. 꽃이 그리운 언젠가 이 사진을 활용할 수 있기를 바라며. 물론 보관만 하다가 휴지통으로 보내버릴 수도 있다. 공원을 걷다가 아이디어가 떠오르면 그 자리에서 스마트폰에 끄적이는 일도 다반사다. 책을 읽다가 마음에 와닿는 글귀를 발견하거나 드라마를 보다가 이거다 싶은 대사를 들으면 즉시 메모한다. 이렇게 쌓인 아이디어들을 가공하면 그것이 곧 콘텐츠다.

시너지 효과를 내는 메모 꿀팁

우리는 다양한 상황에서 메모를 활용할 수 있다. 회의하거나 미팅하거나 강연을 들을 때 말하는 사람이 무엇을 강조하는지 귀를 기울이고 받아 적어 보자. 키워드 중심으로 기록하면 적으면서 곱씹는 효과도 있고, 그 순간이 지나간 후에 핵심 포인트로 머릿속에 저장할 수도 있다.

키워드
중심으로

상대가 하는 말에 집중하다 보면 자연스럽게 듣기 실력도 향상된다. 때로는 우리가 이해한 의미와 상대가 말한 의도 사이에서 오류를 발견하기도 하는데 이때가 바로 질문이 필요한 순간이다. 메모해 뒀다가 당당하게 질문하자.

우리는 다양한 상황에서 여러 모습을 마주한다. 수첩에 뭔가 열심히 적어 내려가는 것처럼 보였는데 알고 보니 그림을 그린다든가, 턱을 괴고 페이퍼에 시선이 머문다든가, 팔짱을 낀 채 생각에 잠겨 있다든가, 팔은 탁자 아래로 내려놓고 몸에 힘을 빼고 명상을 한다든가. 그중에서도 가장 빛나는 모습은, 그리고 눈이 가는 모습은 듣고 메모하며 질문하는 모습이 아닐까?

필자가 본격적으로 메모 생활에 들어선 계기는 인터뷰이의 말을 놓치지 않기 위해서였다. 하지만 지금은 누군가에게 무언가를 소개하거나 스스로를 위해 기억하기 위해서 메모하고 있다.

처음 강의를 시작했을 때 공부했던 방법도 메모였다. 비슷한 주제의 강의를 찾아 들으며 청중의 눈높이에서 메모했다. 키워드 중심으로 적으면서 필자의 콘텐츠로 만들어 보는 것이다. 가까운 선배 강사에게 양해를 구하고 강의를 통으로 녹음한 적도 있다. 녹음 파일을 다시 들으면서 핵심을 추리고 때로는 살을 덧붙이며 필자 스타일로 가공해 보는 것이다.

필자는 가공하는 과정이 메모만큼이나 중요하다고 생각한다. 다른 이에게서 받은 영감을 나의 관점에서 나의 언어로 소화할 수 있을 때 레퍼런스로서 역할을 다했다고 보기 때문이다.

필자의 노트와 스마트폰에는 어느 순간이나 상황에서 문득 영감을 받아 휘갈겨 쓴 메모들이 많다. 고백하자면 그중에는 왜 적어 뒀는지 이해하지 못하는 메모들도 제법 있다. 그런 메모를 보면 흥분한 채 적어 내려갔던 필자의 모습이 떠오른다.

우리에게 찾아오는 소중한 영감을 기억력에만 의존하기에는 너무나 불안하다. '메모 루틴'을 만들어 영감을 우리 것으로 만들자. 자기 전이나 세상이 잠든 이른 새벽에 메모를 정리하는 시간을 가져보는 것이다. 노트나 스마트폰에 굵직굵직하게 정리해 뒀다가 주기적으로 SNS에 올리기까지 한다면 베스트다. 핵심은 메모에서 효용을 느끼도록 나만의 루틴을 갖는 것이다.

문득 선배 강사가 했던 말이 떠오른다. 정보가 차고 넘치는 시대에 우리에게 필요한 건 정보를 가공하고 활용하는 능력이라고. 메모를 다시 적으며 새로운 가치를 부여해 보자.

고(故) 신영복 선생은 저서에서 이렇게 밝힌 바 있다.

"소비를 통하여 자기 정체성을 만들어낼 수는 없다. 인간의 정체성은 생산을 통해 형성된다."

나의 정체성이 가치가 되는 시대를 살고 있다. 우리는 우리의 가치를 직접 만들어낼 수도 있다. 경청하고 질문하고 메모하자. 삶을 밀도 있게, 관계를 풍요롭게 만들어 줄 것이다.

경청 능력 자가 진단하기

빈칸에 매우 그렇다 5점 그렇다 4점 보통이다 3점 아니다 2점 전혀 아니다 1점**을 적어 넣자.**

1   상대가 하는 말을 끝까지 듣고 내 이야기를 시작한다.

2   상대가 하는 말에 집중하기 위해 노력한다.

3   대화를 할 때 상대의 눈을 자주 바라본다.

4   웃는 얼굴로 대화에 참여해도 어색하지 않다.

5   상대가 하는 말에 따라 목소리 톤이나 말의 속도가 달라진다.

6   맞장구를 다양하게 활용한다.

7   상대의 이름을 기억하고 대화에서 활용한다.

8   지난 대화 내용을 기억하여 소재로 활용한다.

9   상대가 하는 말을 반복하거나 적절히 바꿔 말한다.

10 상대가 하는 말을 들으며 감정이나 의도를 파악하려고 한다.

11 상대와 의견이 다를 경우 일단 수긍한 후에 내 의견을 말한다.

12 상대가 하는 말을 제대로 이해했는지 확인하는 질문을 한다.

13 개방형 질문과 폐쇄형 질문을 적절하게 사용한다.

14 대화에 참여할 때 궁금한 내용이 있으면 자연스럽게 질문한다.

15 칭찬하는 말과 배려하는 말을 적극적으로 활용한다.

16 상대가 부담을 갖지 않도록 내 이야기를 먼저 꺼낸 적이 있다.

17 말을 듣기 어려운 상황이라면 상대에게 미리 양해를 구한다.

18 아는 이야기지만 상대를 배려해서 모른 척할 때가 있다.

19 대화에 참여할 때 상대의 관심사를 찾기 위해 노력한다.

20 상대가 하는 말에 따라 나의 의견이나 생각이 바뀌기도 한다.

총   점

80점 이상: 이미 탁월한 경청가입니다.

60점 이상: 경청가의 자질이 충분합니다.

41~59점: 부족한 경청 습관 위주로 실천해 봅시다.

40점 이하: 경청하는 습관을 하나씩 만들어 봅시다

Speak

03

스피치 잘하는 법

떨지 않고 말을 잘할 수 있다

"말을 잘하고 싶은데, 좋은 방법이 있을까요?"

"말을 잘하는 방법이 있을까요?"

MBC 예능 프로그램 중 하나인 '전지적 참견 시점'에서 개그우먼 이영자가 군부대 특별 강연자로 무대에 섰다. 진정성 있는 그녀의 강연은 많은 사람에게 감동을 주었고, 포털 사이트 실시간 검색 상위권의 자리를 한동안 지켰다. 이영자의 강연 내용도 좋았지만 강의 이후 청중과 소통하는 모습 중 또 하나의 인상적인 장면이 눈에 들어왔다.

"말을 잘하고 싶은데, 좋은 방법이 있을까요?"

한 군인이 손을 들어 이영자에게 어떻게 하면 말을 잘할 수 있는지에 대한 조언을 구했다. 말을 잘하는 방법에 대한 강의를 수없이 해왔던 필자는 이영자의 답변이 궁금했다. 스튜디오에서 함께 모니터링을 하던 패널들 역시도 "이거 어려운 질문인데요?"라고 말하면서 이영자의 답변에 주목했다.

"방법이 뭐 있어, 자주 해보면 되는 거지…." 그녀의 답변은 명쾌했다.

"정답인가요?"

함께 TV를 시청하고 있던 남편이 필자에게 물었다. 어쩌면 지금 이 글을 읽고 있는 독자 중에서도 이영자의 답변이 정답일까 궁금해하는 분이 있을지 모른다. 그렇다면 필자의 답변은 어떠할까? 정답일 수도 있고, 아닐 수도 있다. 왜냐하면 말을 많이 해보면 확실히 도움이 되는 것은 맞지만, 그렇다고 해서 누구에게나 반복 연습의 효과가 다 적용되는 것은 아니기 때문이다.

왜 떨리는 걸까, 발표 불안 진단하기

사람들 앞에서 떨지 않고 쉽게 말하는 사람보다는 불편하고 떨리고 어려워하는 사람이 훨씬 더 많을 것이다. 혹시 말하기 울렁증, 발표 불안으로 의기소침해 있는 분이 있다면 필자는 이 말을 꼭 해주고 싶다.

"안 떠는 사람 없습니다. 덜 떠는 사람만 있을 뿐이죠."

정도의 차이는 분명 있지만 누구나 말할 때 긴장과 불안감을 갖고 있다. 이는 말로 먹고사는 사람들 역시도 예외가 아니다.

말하기 울렁증과 발표 불안 바로 알기

일반적으로 말하는 방법이나 내용에 대한 정보가 확실하지 않을 때 우리는 말하기에 대한 자신감이 떨어지면서 불안한 감정이 커지게 된다. 필자가 방송과 강의 등 말하기를 업으로 하면서 만나 왔던 사람 중 말하기에 대한 두려움을 갖고 있던 사람들의 특징은 이러했다.

- 충분한 지식이나 말할 내용에 관한 정보가 없을 때
- 실패에 대한 두려움과 잘해야 한다는 강박감이 있을 때
- 사람들의 평가가 두려워서
- 말주변이 없거나 말하기 경험이 많지 않아서
- 연습이 부족해서
- 과거 말하기에 관한 큰 실수가 있어서
- 자존감이 낮거나 열등감이 있을 때

그런데 의외로 "저는 원래 성격상 사람들 앞에 나서서 말하고 그러는 거 잘 못해요."라고 말하는 사람들도 많다.

이론상 말하기의 불안은 성격적 불안과 상황적 불안으로 나눌 수 있는데, 성격적 불안은 모든 커뮤니케이션 상황에서 항상 불안한 감정을 갖는 상태를 가리킨다. 유전적인 요소가 있다고 하지만 대부분은 과거 성장 과정에서 말하기에 대한 부정적인 경험을 하면서 생기는 경우가 많다. 예를 들어, 말할 때 누군가가 강압적으로 저지를 했다거나 발표를 하다가 망신을 당했거나 혹은 사람들 앞에서 말하다가 좋지 않은 상황이 거듭 발생하게 되면서 말하기에 대한 두려움이 생기게 된 것이다.

성격적 불안증과 달리 상황적 불안증은 특수한 상황에서만 불안한 감정을 느낀다. 예를 들자면, 평소 사람들 앞에서는 편안하게 말을 잘하지만 공식적인 자리에서는 불안한 감정 때문에 말하기가 몹시 두려워지는 사람이 여기에 해당한다. 팀별 토의나 토론을 할 때는 자유자재로 말하다가도 팀 대표로 앞에 나가서 말해야 하는 상황이 되면 떨려서 말을 잘 못하는 상황이 바로 상황적 불안증이라고 볼 수 있겠다.

차를 마시면서 한두 명의 직장 동료들과 업무 관련 대화를 주고받을 때, 자신의 아이디어를 큰 어려움 없이 편안하게 잘 전달하다가도 세 명 네 명 또는 그 이상의 사람들 앞에서 대표로 말하기가 어렵고 불안한 사람들도 있다. 이 또한 상황적 발표 불안증이라고 할 수 있다.

상황적 불안증을 겪는 사람들은 그 상황에서의 말하기 중요성을 알고 있기 때문에 오히려 '더 잘해야 한다'는 생각과 '혹시 실수하면 어쩌나' 하는 불안한 마음 때문에 불안감이 더 커지는 것이다. 냉정하게 말해서 말하기 울렁증과 발표 불안감은 없앤다기보다는 극복해야 한다. 마치 의사가 환자를 치료하기 전 진료부터 먼저 하듯 발표 불안을 극복하기 위해서는 나의 발표 불안 원인이 무엇인지부터 알아보는 것도 중요하다.

말하기 울렁증, 발표 불안 누구나 다 있다

과거 인기 가수들이 대거 출연하는 음악 프로그램 MC를 볼 때의 일이다. 달달한 목소리로 대한민국 여심을 사로잡고 있는 가수 S가 신인 가수로 무대에 서는 날, 필자는 호기심 가득한 눈으로 그를 지켜봤다. 신인 가수들에게서 흔히 볼 수 있는 긴장, 초조, 불안 등의 모습을 S에게서는 전혀 찾아볼 수 없었기 때문이다.

"떨리지 않나요?"

필자의 질문에 S는 말했다.

"엄청 떨려요. 심장 터질 것 같아요."

살짝 미간을 찌푸리며 웃는 그의 답변에 미소가 절로 지어졌다. 분명 당사자는 떨고 있다고 말하고 있지만, 그 떨림을 다스릴 줄 아는 그의 능력에 그게 감탄했다. 얼마 지나지 않아 그는 유명 가수가 되었고, 좋은 목소리와 재치 넘치는 말하기 능력으로 교양, 예능을 넘나들며 다양한 프로그램의 MC도 맡았다.

국민 MC라고 하면 단연 유재석을 떠올린다. 말을 잘하는 그가 카메라 공포증이 있다 하여 한때 이슈가 된 적이 있다. 그뿐인가, 역사상 가장 위대한 연설가 중에서 에이브러햄 링컨, 윈스턴 처칠 역시 말하기에 대한 불안과 무대 공포증에 시달렸다고 한다. 심지어 오프라 윈프리와 코난 오브라이언조차도 사람들 앞에 나서서 말할 때 심리적 불안증이 있음을 고백하기도 했다.

연말이 되면 방송사에서는 각종 시상식을 진행한다. 이때 상을 받고 수상 소감을 하기 위해 무대 위에 오른 연예인 중에 꼭 목격되는 장면이 있다. 바로 크게 심호흡하면서 심장을 향해 손을 올리는 행동이다. 우리나라뿐만이 아니다. 세계적인 영화인들의 파티인 아카데미상 시상식에서 수상한다는 것은 영화인이라면 꿈의 무대일 텐데, 레오나르도 디카프리오는 활동 초기에 사람들 앞에서 수상 소감을 말해야 한다는 불안감 때문에 "차라리 수상하지 않았으면."이라고 말했다고 한다.

사람들 앞에서 말하는 일은 다른 사람으로부터 주목받거나 평가받을 수 있는 모든 상황에 적용된다. 말하는 것에 대한 부담과 불안감은 정도의 차이일 뿐 누구라도 다 있는 것이다. 다만 그 불안감을 어떻게 다스리고 관리하느냐에 따라 누군가는 말을 잘한다는 평가를 받게 되고, 또 누군가는 말을 못한다는 소리를 듣게 된다. 결국 바라보는 관점과 두려움을 대하는 자세에 따라서 말하기 울렁증과 불안감이 커질 수도 있고 설레는 감정이 될 수도 있는 것이다. 완벽하게 극복하지 않아도 적당히 그 떨림을 다스릴 수만 있다면 분명히 큰 변화가 생길 것이다. 사람들 앞에서 말하는 것이 어렵고 두렵고 피하고 싶은 일이 되지 않도록 꾸준하게 노력하는 것이 매우 중요하다.

발표 불안 자가진단표

빈칸에 매우 그렇다 5점 그렇다 4점 보통이다 3점 아니다 2점 매우 아니다 1점 전혀 없다 0점**을 적어 넣자.**

1	발표를 앞두고 있으면 며칠 전부터 수시로 불안감을 느낀다.	
2	아무렇지 않다가도 발표 생각만 하면 스트레스를 받는다.	
3	사람들 앞에서 발표하다가 망신을 당한 적이 있다.	
4	나보다 말을 못하는 사람들 앞에서는 괜찮지만 더 잘하는 사람들 앞에서는 발표하는 것이 두렵다.	
5	나의 발표 결과는 항상 좋지 않을 거라 생각하는 편이다.	
6	발표할 때 그 상황과 발표 자체에 집중하는 것이 어렵다.	
7	발표할 때 과거 실패했던 발표나 관련된 일이 생각난다.	
8	발표해야 하는 일이 생기면 일부러 그 자리를 피하기도 한다.	
9	청중이 내 말을 잘 알아듣지 못할 거란 걱정이 있다.	
10	사람들이 많으면 목소리가 더 작아지고 눈을 맞추기가 어렵다.	
11	준비한 내용이지만 발표할 때 내용을 잊은 적이 있다.	
12	발표할 때 사람들이 나를 쳐다보는 것이 싫고 부담된다.	
13	어차피 나의 발표에 사람들은 관심이 크게 없다고 생각한다.	
14	친분이 있는 사람들이어도 청중의 수가 많으면 발표가 어렵다.	
15	실패한 발표로 인해 자존감이 낮아졌다.	
16	사람들 앞에 서는 것 자체가 초조하고 불안하며 손떨림이 있다.	
17	세 명 이상의 사람들 앞에서 말할 때는 더 떨리고 피하고 싶다.	
18	발표할 때 머릿속이 하얘지고 횡설수설한다.	
19	평소 사람들과의 관계 속에서도 소극적인 편이며 나서서 말하는 걸 좋아하지 않는다.	
20	발표할 때 목소리가 떨리고 호흡하기가 어렵다.	

총   점

0~20점: 스피치의 달인, 어디서든 자신감 넘치는 말하기가 가능한 사람
21~40점: 말하기에 크게 어렵지 않으며, 말 좀 한다는 평가를 자주 듣는 사람
41~60점: 철저한 준비와 연습을 한다면 말하기에 대한 자신감을 향상시킬 수 있는 사람
61~80점: 말하기 울렁증으로 사람들 앞에서 말하는 것을 어떻게든 피하려고 하는 사람
81점 이상: 발표 불안이 심각한 사람으로 차근차근 불안 극복을 위한 노력이 필요한 사람

말하기 울렁증과 발표 불안을 극복하는 법

미국 캘리포니아주의 채프먼대학교(Chapman University)에서는 주기적으로 '사람들의 공포'에 대한 흥미로운 설문조사를 했다. 조사에 의하면 사람들 앞에서 말하기에 대한 공포가 1위를 차지했다. 비행, 독거미, 고소공포, 테러, 가난, 가족의 사망 등을 누르고 1위를 한 결과도 참으로 흥미롭고 놀라웠지만 무엇보다 자기 표현력이 자유롭고 토의 토론 문화가 생활화된 미국에서조차도 말하기에 대한 불안은 결코 자유롭지 못하다는 결과는 다소 충격적이다. 이와 유사한 설문은 더 있다.

미국인을 상대로 "지상 최대의 두려움은 무엇인가?" 하는 설문 결과 역시 앞서 언급한 내용과 비슷했다. 51%가 뱀이 두렵다고 말했고 그 뒤를 잇는 결과가 40%로 사람들 앞에서 말하는 것이 가장 두렵다고 대답했다. 말하기에 대한 울렁증과 불안감이 2위를 차지한 것이다. 비슷한 내용으로 2005년도에 또 한 번 조사가 진행됐는데, 역시나 응답자의 42%가 대중 연설이라고 말했다. 놀랍게도 그 뒤를 잇는 내용은 죽음이었다. 그러니까 죽는 것보다 사람들 앞에서 말하는 것이 더 두렵다는 게 아닌가.

이쯤 되면, 말하기에 대한 울렁증과 두려움은 누구나 있다고 인정할 만하지 않을까? 다시 말해서 '내가 느끼는 발표 불안과 말하기에 대한 두려움은 당연한 것'이라고 받아들였으면 한다. 그리고 발표 불안으로 인한 부정적 감정의 희생양이 아닌, 내가 나 자신을 통제할 수 있는 감정이라고 생각하면서 스스로 발표 불안감을 조절하는 연습을 해주길 바란다.

말하기 울렁증, 발표 불안 다스리기
순간의 회피, 목마르다고 바닷물을 먹으면 결국 죽어요

말하기 울렁증으로부터 벗어나고 싶은 마음에 누군가는 말할 기회를 다음으로 미루거나 일단 피하고 보자는 식의 소극적인 자세를 보인다. 반면에 극복하기 위해 스스로 노력하는 사람도 있다. 전자의 경우에는 결과적으로 말하기 울렁증과 발표 불안을 극복하는 데 더욱 어려움만 가중시킬 뿐이다.

언제까지 말하기로부터 도망칠 수 있을까?

한두 번의 회피로 잠깐의 안도감을 느낄 수 있을지는 몰라도 결과적으로 평생 말하기 울렁증과 발표 불안으로부터 절대 해방될 수 없다. 이는 바닷가에서 목이 마르다고 바닷물을 마셨을 때 이후 더 큰 갈증으로 괴로운 상황이 발생하는 것과 마찬가지다. 잠시 잠깐의 안도감을 찾자고 평생 그 불안을 키울 것인가에 대해 고민해야 한다.

한두 번 피하기 시작하면 그 두려움이 맨 처음보다 더 커진다는 것도 알아야 한다. 방학 숙제로 일기를 제때 쓰지 않아 잔뜩 밀리게 되면 개학 직전에 엄청난 부담감과 공포감으로 괴로워했던 경험과 비슷할 것이다. 당장의 말하기에서는 벗어났을지 몰라도 그 이후에는 "사람들 앞에서 말해야 하는데 어쩌지?", "발표해야 한다고? 어떻게 하지?" 이런 생각만으로도 불안한 감정과 더불어 우리의 몸도 더 많이 경직된다.

말하기 울렁증과 발표 불안을 극복하고자 필자를 찾아오는 분 중에는 의외로 40대 중후반의 성인들이 많다. 이들은 "나이가 들면 말할 일이 줄어들겠지." 생각하고 살았는데, 나이가 들면 들수록, 승진하면 할수록 말을 해야 하는 상황은 더 많이 늘고 있다고 힘들어했다.

다시 한번 말하지만 '발표가 두려운 당신이 선택한 순간의 회피는 바닷가에서 목이 마르다고 바닷물을 먹는 것'과 마찬가지라는 것을 잊지 말아야 한다.

그 떨림, 생산적인 긴장감으로 바꿔 보자

필자에게 개인 코칭을 무려 5년간 받은 교육생 H가 있다. 사람들 앞에만 서면 그는 식은땀이 나고 얼굴이 빨개졌으며 눈앞이 캄캄해졌다고 했다. H는 단 한 번만이라도 좋은 목소리로 떨지 않고 발표를 잘하고 싶다고 말했다. 그런 그가 한방에 취업에 성공하고, 이제는 신입사원으로서 보고를 잘하고 싶다는 간절한 마음으로 여전히 스피치 교육을 받고 있다.

5년이나 코칭을 받았는데 더 배울 게 있을까 의구심이 들 수 있다. 하지만 H는 맨 처음 가졌던 '떨지 않고 말하고 싶었던 목표'를 이루자 더 성장 발전하고 싶다고 했다. 그리고 그는 꾸준히 노력했다. 노력한 만큼 학교에서는 언제나 대표로 발표하면서 주목을 받았고, 그 어렵다는 취업 면접에서도 좋은 결과를 만들어냈다. H는 두려운 감정에서 도망치지 않고 지속적인 노력을 통해 그 감정을 다스리면서 발표 불안을 극복한 아주 좋은 사례다.

불안한 감정들로 인해 두근두근 심장이 빨라지고, 호흡도 가빠지고, 말이 빨라지고, 목소리가 떨리고, 손에서 땀이 나는 증상은 꼭 말하기에 있어 상애만 되는 것은 아니다. 적당한 불안과 걱정은 말하기에 있어 발표 준비나 면접 등을 준비할 때 더 집중할 수 있도록 하는 동기가 되기도 한다.

미국의 심리학자 로버트 여키스(Robert M. Yerkes)와 그의 제자 존 도슨(John D. Dodson)은 불안의 정도가 심할 때뿐만 아니라 너무 낮아도 수행 능력이 떨어진다는 사실을 발견했다. 다시 말해서 자신의 능력을 최대한 발휘하기 위해서는 적당한 긴장과 불안은 반드시 필요하다는 말이다. 불안과 긴장이 짜릿한 설렘으로 바뀌는 순간 울렁증과 불안은 성공적인 말하기를 위한 '발표 근육'이 되어 줄 것이다.

긍정과 자신감의 옷을 스스로 입자

더 긴 인연을 자랑하는 교육생 J도 있다. J는 올해로 14년간 함께 스피치 교육을 받고 있다. 초등학생 때 어머니의 손을 잡고 필자를 찾아왔던 교육생이 지금 어엿한 대학생이 되어 있다. 아직도 그때의 J를 기억한다. 처음 만나던 그 날 J 교육생의 어머니는 이렇게 말했다.

"자신감 있고 당당하게 큰 목소리로 떨지 않고 말했으면 좋겠는데, 애가 누굴 닮았는지 목소리도 작고 자꾸만 사람들 눈치를 보면서 말을 해요. 강사님, 저는 큰 욕심 없습니다. 다 필요 없고 간단하게 하나만 부탁 드릴게요. J가 사람들 앞에서 떨지 않고 자기 생각을 말할 수 있게만 도와주세요."

"큰 욕심 없는, 간단하게, 하나만."이라고 J의 어머님은 확실한 니즈를 전하셨다. 하지만 결코 사람들 앞에서 떨지 않고 자기 생각을 전한다는 것은 쉽지도, 또 간단하지도 않은 일이다. 보통 주 1회 수업을 하는 편인데, J의 경우에는 많게는 주 4회까지도 진행한 적이 있다. 그렇게 두 달이 지난 어느 날, J는 전국 스피치 대회에서 2등을 했다. 학교에서는 학생회장으로 뽑혔다. 교실에서 조용하게 공부만 잘했던 학생으로 알려졌던 J는 학년이 바뀌면서 이미지가 바뀌었다. 똑 부러지게 발표를 잘하는 학생이 되었다. J는 수시로 "나는 할 수 있다.", "나는 변화되고 있다.", "나는 잘할 수 있다."라는 '자기 암시', '자기 확신'의 말을 통해 스스로 자신감을 향상하려 노력했다. 나의 코칭은 그저 거들 뿐이었다. 스피치는 심리적 요인이 크게 작용하는 만큼 스스로에게 긍정적 생각과 자신감을 키울 수 있는 격려의 말을 해주는 것이 아주 중요하다.

자신감은 그냥 생기지 않는다. 준비를 얼마나 철저히 했는지에 따라서 자신감의 크기는 현격히 달라진다. 철저하고 꼼꼼한 준비와 자신감은 비례한다. 자신감을 갖게 되면 자연스럽게 긍정적 사고를 할 수 있는 여유가 생긴다.

시작도 안 했는데 "망할 거야."라고 생각하지 말자. 그리고 5:1의 법칙을 기억하자. 발표 불안에 대한 공포심과 불안감이 한 개 느껴질 때 좋은 생각, 긍정적 마인드를 다섯 개 연속해 가져야 불안감을 다스릴 수 있다고 한다. 열심히 준비한 나 자신에게 계속해서 "잘할 수 있어.", "별거 아니야.", "충분히 준비했잖아.", "나는 나를 믿어.", "잘될 거야." 등의 긍정 사인을 주면서 자신감을 향상시켜 주자.

꼭 안 떨 필요도 없다

현란한 말솜씨, 손색없이 능숙한 몸짓 언어, 자연스러운 시선 처리와 여유 있는 눈빛, 이렇게 기술적인 말하기만 꼭 좋은 스피치는 아니다. 기술적으로 능숙한 말하기, 기교 넘치는 말보다는 말하는 사람이 비록 떨고 있어도 그 사람의 진심과 진정성, 간절함 등이 느껴지는 말과 태도가 더 큰 울림과 감동을 주고 사람의 마음을 움직이기도 한다.

실제로 필자는 채용 면접 심사를 할 때 살짝 긴장한 듯한 지원자의 목소리에서 간절함과 진심 그리고 인간미를 느끼기도 한다. 발표 불안, 말하기에 대한 두근거림을 억지로 감추려고만 하거나 부정적인 것이라고 치부하지 말자. 약간의 떨림, 그 긴장감이 오히려 상대방의 마음을 움직이게 할 수 있다.

상상하라

말하는 사람이 성공적으로 발표를 마치는 상상, 즉 시각화 작업을 하게 되면 자신감 상승에 도움이 된다. 실제로 운동선수들은 본인들의 경기가 성공적 결과를 얻는 시각화 작업을 했을 때 성취도도 높았을 뿐만 아니라 결과에도 긍정적 영향을 미쳤다고 한다. 연습할 때도 발표를 시작하기 전에도 성공적인 말하기를 한 상황을 상상해 보자. 절대 나 자신을 과소평가하지 말고, 성공을 확신해 보자.

연습만이 살길이다

말하기의 불안은 사전에 얼마나 준비를 철저히 했고 연습을 많이 했느냐에 따라서 무려 75%까지 감소될 수 있다고 한다. 그 밖에 깊은 심호

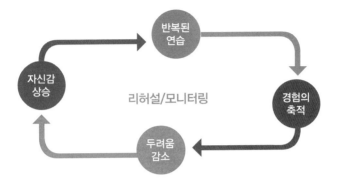

흡은 15%, 긍정적인 마음의 준비는 10% 정도 발표 불안을 다스리는 데 도움을 준다고 작가이자 연설가인 릴리 월터스(Lilly Walters)는 조언했다.

연습할 때는 실전과 비슷한 환경을 갖춘 뒤 실전처럼 똑같이 하는 걸 추천한다. 이때 인사부터 말하기의 시작 부분인 오프닝 몇 마디는 무조건 외운 뒤 청중을 바라보면서 말하는 연습을 하자. 오프닝을 큰 실수 없이 잘 해냈다면 성공적인 발표가 될 확률이 매우 높다. 오프닝에서 실수하게 되면 심리적 위축으로 발표 불안이 더욱 커지게 된다. 반면에 오프닝을 성공적으로 마치고 나면 심리적 안도감과 더불어 자신감이 생겨 이후 말하기가 비교적 수월해진다.

혹여 실수하더라도 평정심을 유지하는 연습도 하자. 평정심 유지에는 깊은 심호흡, 복식 호흡을 추천한다. 한발 더 나아가 이 모든 연습 과정을 동영상으로 촬영한 뒤 모니터링하면 좋다. 영상에 찍힌 모습을 객관적으로 평가한 뒤 무엇이 문제인지 파악하고 개선해 나가면 발표 불안 극복을 넘어 더욱 훌륭한 스피커가 될 수 있을 것이다.

모니터링용 셀프 스피치 진단표

빈칸에 매우 그렇다 5점 그렇다 4점 보통이다 3점 아니다 2점 전혀 아니다 **1점을 적어 넣자**

평가 항복		평가 내용	
내용 언어	주제	전달하고자 하는 메시지가 명확한가?	
	구성	서론(약 10~15%), 본론(약 70~80%), 결론(약 10~15%)의 구성을 갖추었는가?	
	청중 분석	청중의 성별, 연령, 지식 수준, 목적, 장소, 분위기 등을 고려해서 공감대 형성을 잘했는가?	
시각 언어	표정	내용에 맞게 표정이 자연스러웠는가?	
	동작	내용에 맞는 제스처를 적절히 사용했는가?	
	태도	에너지가 느껴지는 적극적인 태도를 보였는가?	
	자세	상황(분위기)에 적절한 자세의 변화를 보였는가?	
	인사	시작과 끝을 알리는 예를 갖춘 인사를 했는가?	
	시선	청중과의 자연스러운 눈맞춤이 있었는가?	
	미소	여유 있는 미소를 보였는가?	
음성 언어	발음	음가를 모두 정확하게 발음했는가?	
	발성	힘 있는 목소리로 웅얼거리지 않았는가?	
	톤 (Tone)	가늘고 높은 톤의 소리를 내지 않았는가?	
	호흡	말할 때 호흡량이 부족하지 않고 충분했는가?	
	포즈 (Pause)	호흡을 잘 조절해서 포즈 두기(끊어 말하기, 쉼)를 잘했는가?	
	음색	갈라지는 쉰 소리 없는 맑은 목소리로 듣기 좋았는가?	
	속도	말의 빠르기가 적당했는가?	
	억양	불필요한 곳(내용)을 굳이 강조 없이 자연스럽게 말했는가?	
	어조	말의 내용에 맞는 말투였는가?	
	강세	의미에 맞게 핵심 단어에 강세를 두었는가?	

총   점

총평	

좋은 스피치의 조건과 활용법

　기가 막힌 언변으로 막힘없이 말하는 그야말로 청산유수와 같은 연설이 가장 좋은 스피치일까? 유창함 하나만으로 좋은 스피치라고 판단하기는 어렵다. 기술적으로 언변만 뛰어난 것이 꼭 좋은 스피치의 조건은 아니라는 뜻이다. 아무리 좋은 말, 훌륭한 내용이라고 해도 상대방이 듣지 않는다면, 혹은 들을 준비가 되어 있지 않다면 말하는 사람이 아무리 준비를 많이 한들 결국엔 아무 의미가 없어진다.

　진정성이 있는 스피치에 사람들은 감동받고, 또 그것을 오래 기억한다. 지식이 많다고 해서 그 사람이 꼭 말을 잘하는 것은 아니다. 내가 하고 싶은 말이 아닌 상대방이 듣고 싶은 내용으로 진심과 배려를 담아 자연스럽게 말하는 것이 핵심이다. 그런 말하기가 결국 사람들에게 친근감을 주면서 깊은 교감을 하게 한다. 말할 때는 억지로 무리해서 듣기를 강요할 것이 아니라 듣게끔 해야 한다.

　그렇다면 말하는 사람의 인격과 지식 그리고 태도와 기법, 자신감이 느껴지는 좋은 스피치를 하기 위해 필요한 조건들을 자세히 알아보자.

말로만 반갑다고 하지 마세요

"안녕하세요. 반갑습니다. 지금부터 '사랑을 부르는 공감 대화법'이라는 주제로 시상을 할 저는 ○○○ 강사입니다. 정말 반갑습니다."

"다시 해 보실래요? 한 번만 더 해 볼까요, 우리?"

강사 양성 과정을 진행하는 중에 교육생들은 시강(시범 강의)을 꼭 거치게 되는데, 이날 시강을 선보였던 한 분의 오프닝 인사는 무려 다섯 번가량 이어졌다. 왜 그랬을까? 청중을 향한 진심이 전혀 느껴지지 않았기 때문이다. 반갑다고 말은 하고 있지만 반가움이라고는 찾아볼 수 없는 표정과 음성이었다. 심지어 '사랑을 부르는 공감 대화법'이라는 주제를 선보일 강사의 인사인데 이래도 되나 싶을 정도의 건조한 말투와 표정이었다.

좋은 스피치는 말하는 사람의 진실함과 진정성이 느껴져야 한다. 뭔가 대단한 도덕적, 윤리적 자세를 요구하는 것이 아니다. 적어도 말하는 사람이 전하고자 하는 말의 내용과 그 사람의 자세나 태도, 지금까지 살아온 삶, 신념이나 가치관 등이 어느 정도는 일치해야만 그 말을 듣는 사람도 공감하든 설득을 당하든 할 것이다.

한 번은 평균 연령 40~50대 여성들을 대상으로 50분 특강을 하러 갔는데, 강연 시간보다 1시간가량 일찍 도착했던 터라 강연장에 미리 들어가 있었다. 그런데 100여 분가량 되는 청중 중에서 한 명 두 명 강연장을 이탈하는 사람들이 눈에 들어왔다. 그러다가 어느 순간 휑해진 강연장을 바라보면서 필자 역시 당혹감을 감출 수가 없었다.

당시 필자의 앞 시간 강연자는 미혼의 여성으로 부모 코칭에 대한 강연을 했는데 청중들은 "결혼도 안 하고 애도 없는 사람이 이론만 전하려는 것 같아서 공감이 안 된다."라고 했다. 어느 정도 청중들의 마음이 이해됐지만 같은 강사 입장에서 앞 시간 강사가 참으로 안쓰러웠다.

논리적 근거와 명확한 이유는 좋은 스피치에 있어 유리하다. 하지만 그렇다고 절대적 요소는 아니다. 때로는 경험을 통한 감정 호소가 대중의 마음을 움직이기도 한다.

말의 내용이 어떤지, 말을 잘했는지 못했는지보다는 먼저 그 말을 하는 사람이 누구냐가 청중들에게는 중요하다는 것이다. 말을 잘하는 방법을 익히는 것도 중요하지만 결국 좋은 스피치가 되기 위해서는 평소 삶에 임하는 태도나 자세, 신념, 가치관 등이 반영된, 말하는 사람의 진실함, 진정성이 느껴져야 한다.

절대 어렵게 말하지 마세요

말을 잘하는 사람들은 절대 어렵게 말하지 않는다. 오히려 어려운 것을 쉽게 풀어서 말한다. 말하는 사람의 공신력은 명확한 논리와 체계적인 말하기가 바탕이 될 때 커지게 되는데 많은 사람의 오해가 바로 여기서 시작된다. 공신력을 키우기 위해서 일부러 어려운 용어나 전문적 지식을 대방출한다는 것이다. 그렇게 말하면 말하는 사람에 대한 신뢰가 커질 것이고 결국 박수 받는 스피치가 될 것이라고 생각하는데, 이것은 오산이다.

필자가 새내기 방송인이었을 때의 일이다. 선거 개표 방송에서 현장 리포팅을 해야 하는데, 대본도 없이 현장에서 직접 기사를 작성해서 생방송으로 리포팅해야 하는 상황이었다.

"중계차 연결해서 자세한 내용 전해 듣겠습니다. 현장 나와주세요. ○○○ 리포터!"

스튜디오 아나운서의 부름에 야심 차게 준비한 내용을 NG 없이 방송했다. 방송을 마치고 내심 본인 스스로가 기특했던 필자는 얼마 가지 않아서 대성통곡을 해야만 했다. 누가 봐도 어려 보이는, 경험이 적은 새내기 방송인이었지만 전문성이 없는 앵무새 방송인이 되고 싶지 않았던 필자는 원고를 작성할 때 이런저런 어려운 말들을 다 갖다 썼다. 그래야 전문 방송인의 모습이 되는 줄 착각했기 때문이었다. 카메라 감독은 물론이고 중계차에서 담당 PD들이 잡아먹을 듯 피드백을 해주는데 어찌나 서럽던지, 그때의 기억은 아직도 생생하다.

"초등학생들도 다 이해할 수 있는 말로 원고를 작성해야 해요. 첫째도 쉽게, 둘째도 쉽게. 잠시 뒤 다시 연결할 때는 원고 제가 한번 봐 줄게요."

친분이 전혀 없던 보도국 기자 한 분이 여기저기서 욕먹고 있던 필자

가 안쓰러웠는지 다가와 도움의 손길을 내밀어 주었고, 이후 두 번째, 세 번째 방송에서는 욕을 먹지 않고 방송을 잘할 수 있었다.

"그렇게 잘할 거면서 아까는 왜 그랬어?"

중계차 연결이 끝나고 담당 PD와 감독들이 필자에게 한마디씩 했다. "그렇게 잘할 거면서…." 여기서 '그렇게 잘한다는 것'은 '쉽게 말하는 것'이었다.

한마디로 좋은 스피치의 기본은 쉬워야 한다. 하지만 기억할 것이 하나 더 있다. 사람들은 누군가 말할 때 정말 다 알고 쉽게 하는 말인지, 모르는데 아는 척 대충 쉽게 하는 말인지 다 눈치를 챈다. 훌륭한 말하기, 좋은 스피치를 하고 싶다면 내가 말하고자 하는 내용에 대해서 충분한 지식을 갖추어야 할 것이다.

제발 길게 말하지 마세요

"생각할 수 있는 것이라면 모름지기 명확하게 생각할 수 있어야 한다. 말로 표현할 수 있는 것이라면 또한 명확한 언어로 표현할 수 있어야 한다."

영국의 철학자 루드비히 비트겐슈타인(Ludwig Josef Johann Wittgenstein)의 말이다. 그렇다. 말은 한 사람의 명확한 생각이 분명하게 표현될 때 비로소 상대방에게 정확하게 전달될 것이다.

좋은 스피치를 하는 것도 중요하지만 먼저 나쁜 스피치를 하지 않는 것도 필요하다. 나쁜 스피치 중 가장 대표적인 것이 바로 생각이 채 정리되지 않아 명확하지 않은 말을 길게 하는 것이다.

숭언부언, 했던 말 또 하고, 주절주절 길게 늘어놓는 말은 청중을 절대 고려하지 않는 매너 없는 스피치이다. 본인은 정리되지 않은 말을 주절주절하면서 말을 듣는 사람에게 알아서 들으라는 것인가? 결과적으로 말하는 사람 역시도 손해다. 본인이 전달하려는 말의 핵심을 제대로 전달하지 못하기 때문이다.

문장은 최대한 짧게 한다. 핵심을 흐리지 않고 분명하게 요지를 전달하고 싶다면 간결한 스피치를 해야 한다. 말을 질질 끌지 말자. 청중은 그렇게 친절하지 않다. 주절주절 말하는 것은 말하는 사람에게도 불리하다. 어느 순간 "내가 무슨 말을 하려고 했더라." 횡설수설하기 좋다. 문장을 짧게 하고 적절한 접속어를 사용하자.

집 나간 열정을 찾아오세요

겸손을 가장한 자신감 없는 스피치로는 청중의 마음을 움직일 수 없다.

내가 하고자 하는 말에 대한 자신감과 또 그 말을 하게 될 나 자신에 대한 확고한 믿음이 있어야 한다. 이는 발표 불안감을 다스리는 데에도 효과가 좋다.

아무리 훌륭하고 좋은 내용을 완벽하게 준비했다고 한들 그것을 전달하는 사람이 영 자신감 없는 모습을 보인다면 누가 그 말을 듣겠는가? 특히나 공적인 말하기라면 더욱 그러하다. 말하기 초반에 청중에게 자신감 있는 모습으로 열정 가득한 스피치를 해야 한다.

일을 잘하는 사람들은 스피치를 잘한다. 스피치를 잘하는 사람들은 말을 짧게 한다. 불분명한 말이 아닌 주장과 결론이 명확하고 사례 또한 확실하다. 말하고자 하는 내용을 화자가 먼저 완전히 이해해야만 좋은 스피치가 될 수 있다. '○○인 것 같고, ○○일 수도 있고….' 이런 모호한 표현도 좋지 않다. 생각은 깔끔하게 정리되었는데 말로 표현할 때 이중적이고 모호한 발언을 계속한다면 말하는 사람에 대한 공신력이 떨어지는 것은 불 보듯 뻔하다. 말하는 사람이 자신이 없는데 과연 듣는 사람들에게 그 말이 먹힐까? 절대 안 통한다. 그래서 말할 때는 한 마디든 두 마디든 말하는 사람이 확신에 찬 말로 전해야 한다. 말하기에는 열정이 필요하다. 겸손은 다른 데 쓰자.

지피지기면 백전백승(知彼知己, 百戰百勝)

목적 달성을 위한 말하기의 필수 조건, 청중 분석

"나는 사람들이 무엇을 듣고 싶어 하는가를 생각하고 준비하는 데 2/3의 시간을 쓰고 내가 말하고자 하는 내용을 생각하는 데는 나머지 1/3을 쓴다."

에이브러햄 링컨이 한 말이다.

청중의 지식이나 태도는 물론이고 현재의 감정 상태가 어떠한지에 따라 스피치는 큰 영향을 받기 때문에 사전에 청중 분석을 얼마나 잘했느냐는 곧 그 스피치의 성패를 좌우하게 된다. 말할 때는 그 목표가 공감이든 설득이든 정보 전달이든 반드시 청중에 대한 분석이 있어야 한다.

소개팅할 때 마주하고 있는 여성이 몹시 마음에 들었던 C군은 그녀의 마음을 사로잡기 위해 노력했다. 홈쇼핑 쇼핑호스트였던 C군은 소개팅

자리에서조차 마치 상품을 판매하듯 자기 자신에 대한 이야기를 쉼 없이 이어나갔고, 제법 유쾌한 시간을 보냈다고 자신했다. 이 소개팅을 주선했던 필자에게 해당 여성은 이런 피드백을 전했다.

"너무 말이 많고 가벼워요. 그 사람 얘기만 두 시간 넘게 듣다 왔어요. 한마디로 시끄러웠어요."
"어? 재미있는 남자가 좋다고 했잖아?"

필자의 질문에 그녀는 유머 있는 남자를 좋아하는 거지 절대 시끄럽고 말 많은 남자를 좋아하는 게 아니라고 말했다.

무엇이 문제였을까? 상대에 대한 분석이 미흡했던 것이다. 이래서 말할 때는 내 말을 들어줄 사람에 대한 사전 분석이 필요하다. 그것이 공적인 말이든 사적인 말이든 말이다.

스피치의 목적은 단순히 말하는 게 아니다. 우리가 말을 함으로 인해 공감이든 설득이든 단순한 정보 전달이든 궁극적 목적을 달성해야 한다. 한마디로 스피치는 '나' 중심이 아닌 '청중', '상대' 중심이어야 한다.

그렇다고 내가 해야 할 말은 못 하고 상대방이 좋아하고 듣고 싶어 하는 말만 해야 할까? 그렇지 않다. 요령이 필요하다. 그 요령이 바로 청중 분석이다. 내가 하고 싶은 말은 꼭 하되, 청중이 좋아할 수 있는 방향으로 나아갈 방법은 청중 분석에서부터 시작된다.

가족 말고는 내 말에 관심이 없어요

솔직히 가족이 아닌 이상 나의 말에 충성 모드로 들어 주는 사람은 없다고 생각하면 속이 편할 것이다. 내가 말한다고 상대방이 무조건 잘 들어 줘야 할 의무는 없다. 거기다 청중은 과거의 경험을 통해 생긴 견해와 본인 나름대로의 가치, 지식 체계가 이미 형성되어 있다. 그렇다 보니 어떤 말을 들을 때 약간이라도 본인의 가치관이나 지식 체계와 다르거나 충돌하게 되면 그 말 자체를 거부하거나 반발할 수 있다.

기본적으로 사람들은 내가 듣고 싶은 말만 들으려 한다. 조금 더 구체적으로는 자신이 좋아하는 사람의 말을 들으려 한다. 그리고 어떤 말을 들었을 경우 일단 본인에게 유리한 쪽으로 생각하려 하고 재해석하려는 경향도 있다. 다시 말해서 말하는 사람의 의도와는 다르게 그 말을 듣는 사람은 선택적으로 듣고, 본인의 입맛에 맞게 해석하고 받아들인다는 뜻이다. 결국 청중의 태도에 따라서 말의 내용은 다르게 해석될 수 있는 만큼 청중의 태도를 정확하게 파악하는 게 아주 중요하겠다.

말하는 사람의 호감도와 청중의 태도는 비례한다

십수 년 강의하면서 느낀 것 중 하나가 아무리 강의 내용이 좋아도 그 강의를 하는 강사가 누구냐 하는 것은 생각보다 작용력이 크다는 것이다. 교육 사업을 하는 대표로 장기 과정을 기획 진행하다 보면 가끔 강사로서 마음이 아플 때가 적잖게 있다. 적게는 세 명, 많게는 열 명 정도의 상사신을 정리해서 기획안을 제출하면 교육 담당자들은 해당 강사가 어떤 사람인지에 대한 냉정한 평가로 그 과정의 출강 여부를 결정지었기 때문이다.

말하는 사람의 공신력이 높을수록 청중의 태도는 긍정적이다. 청중이 말하는 사람을 얼마나 좋게 생각하느냐에 따라 듣는 자세가 달라지기 때문에 우리는 신뢰, 호감, 평판 등의 공신력을 잘 키워야 한다. 이것은 하루아침에 생길 수 없기에 평소 이미지에 신경을 써야 하는 본인만의 숙제가 되겠다. 나의 말 한마디에 힘을 키우고 싶다면 자신의 이미지 메이킹에 신경을 쓰자.

목적 분석: 내 말을 왜 들어야 할까?

필자는 우리나라의 내로라하는 기업과 공공기관에서 사내 강사 양성 과정 전문 강사로 활동하고 있다. 강의하면서 느낀 흥미로운 점은, 본인의 선택으로 교육에 참가한 사람과 조직의 선택 때문에 어쩔 수 없이 끌려오듯 교육에 임하는 사람들의 태도가 다르다는 것이다.

자발적 참여자의 적극적인 태도는 강사를 춤추게 한다. 하나라도 더 배우고자 하는 그들의 갈증을 채워주기 위해 수년간의 노하우를 아낌없이 대방출한다. 반면, 의지 없는 교육생들은 어떠할까? 하기 싫어 죽겠다는 그들에게 먼저 왜 이 강의를 들어야 하는지에 대한 필요성과 중요성을 잘 전달해서 스스로 흥미를 갖고 임할 수 있게 동기를 부여한다.

태도 분석: 호의적 청중부터 적대적 청중까지 염두에 두어야 할 것들

강의뿐 아니라 모든 스피치가 그러하다. 말하는 사람의 적극적인 태도처럼 듣는 사람의 태도가 적극적이라면 굳이 이런저런 장황한 설명을 하지 않아도 된다. 하지만 반대의 태도를 보이는 사람이라면 얘기는 달라진다. 조심스럽지만 말하는 사람의 생각, 관점 등을 충분한 근거를 바탕으로 말해 줘야 한다. 그리고 설명 중간중간에 일상생활, 곧 우리의 삶과 결부시켜 주면 참여 태도를 바꿀 수도 있다. 강의 내용을 일상에서도 이렇게 접목하면 효과적이라는 것을 말해 주면 당장은 필요한 게 아닌 것 같아 중립 내지는 적대적이었던 청중도 점점 호감을 갖게 되고, 중립적인 청중은 적극적 청중으로, 적대적 청중은 어느 순간 중립적인 청중이 되어 있을 것이다.

내가 말할 때 호의적인 반응을 보이는 사람에게는 명확하게 본인이 무슨 말을 하려는지 목적을 말해 주는 것이 효과적이다. 하지만 반대의 경우에는 공통점이나 일부 동의하는 것들을 찾아서 언급해 주면 좋다. 처음부터 내 말만 맞다, 당신은 틀렸다는 식의 비난은 상황을 더 악화시킨다. 무엇보다 부정적인 것을 넘어 적대적인 청중이 있다면 굳이 그 사람들까지 다 껴안고 가려 애쓰지 않았으면 한다. 오히려 그런 에너지를 적극적인 청중에게로 돌리는 것이 좋겠다.

지식수준 분석: 눈높이 스피치가 필요해요

우연히 채널을 돌리다가 어느 깊은 산골을 찾아가 농촌을 체험하는 리포터의 장면을 보게 되었는데, 불통과 소통을 넘나드는 모습이 웃음을 자아냈다.

"어르신, 그러니까 이건 포크커틀릿이랑 비슷한 거네요?"

"잉? 포크레인?"

"아, 포크레인이 아니라 포크커틀릿이라고 돼지고기에 밀가루 입혀서 기름에 바싹 튀긴 거요."

"아, 그려그려. 비슷햐."

"이 소스에는 뭐가 들어간 거에요?"

"소? 소 뭐?"

"아, 고추장 된장처럼 찍어 먹는 거요."

"잉, 그려그려 여기에는 말이지…."

기가 막히게 좋은 내용이라 해도 그 말을 듣는 사람이 이해하지 못한다면 그것은 좋은 스피치라고 할 수 없다. 같은 내용이라도 듣는 사람의 지식수준에 맞춰 말해야 한다. 위의 사례처럼 어르신들의 눈높이와 지식에 맞는 수준으로 풀어서 말해 줄 때 비로소 대화가 성립되듯 상대방의 지식수준이 다소 부족하다면 보다 더 쉽게, 조금 더 단순한 논리로 이해를 돕는 게 좋다. 좋은 스피치의 조건 중 쉽고 짧은 문장과 단순한 논리는 기본이라고 앞서 언급했다. 그런데 교육 수준이 상당히 높은 사람의 경우에는 그 수준에 맞게 어휘를 선택하고 정교한 논리로 말해주는 것도 필요하다. 교육 수준과 상관없이 어느 한 분야에 깊은 지식을 갖고 있는 사람도 있다. 이런 사람과 대화한다거나 혹은 이런 사람들을 상대로 공적 스피치를 하게 된다면 굳이 기본적인 내용을 설명하는 데 시간을 쓰지 않아도 된다. 이미 다 알고 있는 내용을 다시 말하면서 시간을 낭비하지 말고 새로운 지식을 제공해 주는 것이 훨씬 유리하다.

욕구와 감정 분석: 보이는 것만 보지 마세요

좋은 스피치, 통하는 대화에서는 반드시 그 말을 듣는 청중의 감정과 욕구를 고려해야 한다. 준비한 내용만 전달하기에도 벅찬데 욕구와 감정까지 신경 써야 하느냐고 반문하는 이도 있을 수 있다. 하지만 절대적으로 필요하다. 청중의 욕구와 감정을 제대로 분석, 이해하지 못한 채 말하는 것은 호응 없는 스피치를 하는 것이다. 나의 스피치를 통해 그들이 얻고자 하는 것이 무엇인지, 동기가 무엇인지, 어떤 마음으로 들으려고 하는지 등에 대한 분석 결과는 스피치를 하는 자신에게도 매우 유용하다.

나의 말을 들어줄 사람의 욕구가 파악된 것으로 끝내지 말고, 그들의 현 감정 상태, 그리고 말하는 도중에 수시로 청중의 감정 상태를 살피는 것 또한 중요하다.

예를 들어 의무 교육이기 때문에 어쩔 수 없이 강의를 들으러 온 사람들은 감정 상태가 좋지 않다. 심지어 강의로 인해 업무 처리를 못 하게 된 것을 야근까지 하라고 전달받은 상황이라면 더더욱 그 교육이 달갑지 않을 것이다. 이런 부정 감정을 미리 알고 있다면 해당 강사는 바로 본 강의로 들어가기 전에 먼저 라포 형성을 하는 것이 필요하다. 강의뿐 아니라 모든 스피치에 있어서 청중의 감정 상태 분석은 기본이다. 그들의 감정 상태에 따라서 나의 스피치 호응은 완벽하게 달라지기 때문이다.

나의 말에 집중해 줬으면, 호응이 좋았으면…. 이는 모든 사람의 바람일 것이다. 바람을 현실화하고 싶다면 내 말을 들어줄 청중 분석은 기본이다. 청중의 태도, 지식, 욕구, 감정 등이 어떠하냐에 따라 청중의 눈높이로 청중과 교감할 수 있는 말을 준비할 수 있기 때문이다.

아리스토텔레스가 말하는 설득의 3요소

우리는 잘 알지 못하는 사람이 말하면 생각보다 그 말을 잘 믿지 않는다. 어쩌면 덜컥 믿는 게 이상한 일일지도 모른다. 이처럼 '무엇'을 말하는지 보다는 '누가' 말하는지가 더 중요하다. 신뢰감이 높고 호감이 있는 사람이 말하게 되면 굳이 애쓰지 않아도 사람들은 그 사람의 말을 듣는다.

고대 그리스의 철학자 아리스토텔레스는 수사학(修辭學, 설득의 수단으로 문장과 언어의 사용법, 특히 대중 연설의 기술을 연구하는 학문)의 기본인 설득의 3요소로 로고스(Logos: 논리적 설득 전략), 파토스(Pathos: 감정, 정서, 심리를

아리스토텔레스의 설득의 3요소

이용하는 전략), 에토스(Ethos: 말하는 사람의 공신력을 얻는 진정성 전략)를 제시했다.

"정확한 지식의 영역을 벗어난 문제점에 대해 의견이 엇갈릴 때, 우리는 신뢰할 만한 사람의 말을 받아들이며, 말하는 사람의 인품이 모든 설득의 수단 중에서 가장 강력한 것이다."

결국, 아리스토텔레스는 말하기에 있어 가장 큰 영향력을 행사하는 것이 바로 말하는 사람, 즉 '에토스'라고 정리했다. 무려 60%의 영향을 준다 하니 얼마나 말하는 사람의 이미지와 인격, 공신력 등이 중요한지 알 수 있다. 우리는 말하는 사람을 한번 신뢰하게 되면 이후에도 그 사람의 주장을 쉽게 받아들이는 경향이 있는 것도 사실이다.

그밖에 파토스는 결과에 30% 정도 영향을 주고, 무슨 말을 할 것인지 고민했던 말의 내용, 논리는 10%로 상대적 영향력이 적다.

나의 말하기 유형은 어떠할까?

먼저 나의 말하기 유형은 어떠한지 간단한 진단을 통해 알아보도록 하자. 진단 방법은 간단하다. A, B, C 각각 세 가지 측정 문항을 읽고 매우 그렇다 5점, 그렇다 4점, 보통 3점, 아니다 2점, 전혀 아니다 1점을 적고, A, B, C 항목별 점수를 합산한다. 이후 항목별 점수를 아래의 그래프에 옮겨 보자.

빈칸에 매우 그렇다 5점 그렇다 4점 보통이다 3점 아니다 2점 전혀 아니다 1점을 적어 넣자.

A측정				
	1	주변 사람들을 크게 의식하지 않고 당당하다.		
	2	도전할 때는 결성이 빠른 편이다.		
	3	한 분야의 자격을 갖춘 능력 있는 이미지이다.		
	4	크고 강한 제스처를 자주 쓴다.		
	5	예의 있고 사람 좋다는 말을 자주 듣는다.		
	6	호감형이라는 평가가 많은 편이다.		
	7	권위(위엄) 있어 보이는 편이다.		
	8	전문성이 있어 보이는 편이다.		
	9	믿음직스럽다는 평을 자주 듣는다.		
	10	경험이 많고 지적인 이미지이다.		
		에토스(Ethos)	총	점

B측정				
	1	근거가 확실한 것을 선호한다.		
	2	나의 관점을 주장하는 편이다.		
	3	사적보다는 공적 대화를 많이 하는 편이다.		
	4	사안에 대해 사실부터 확인한다.		
	5	감동보다는 이해를 잘 시키는 편이다.		
	6	감정을 앞세우기보다는 논리가 먼저다.		
	7	출처가 확실한 내용만 신뢰한다.		
	8	사람들이 나를 어려워하는 편이다.		
	9	감정과 이해보다는 사실과 논리가 더 중요하다.		
	10	신중하게 생각하고 말한다.		
		로고스(Logos)	총	점

C측정			
	1	단도직입적이거나 단호하기보다는 부드럽게 돌려 말한다.	
	2	감정을 잘 드러낸다.	
	3	사적 말하기가 어렵지 않다.	
	4	사실과 논리보다는 감정과 의견을 중요시한다.	
	5	주변 사람들을 의식하는 편이다.	

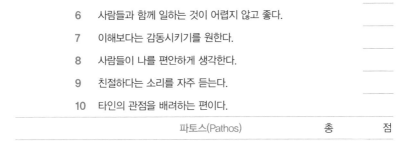

6	사람들과 함께 일하는 것이 어렵지 않고 좋다.	
7	이해보다는 감동시키기를 원한다.	
8	사람들이 나를 편안하게 생각한다.	
9	친절하다는 소리를 자주 듣는다.	
10	타인의 관점을 배려하는 편이다.	
	파토스(Pathos)	총 점

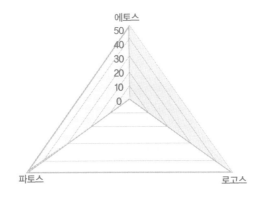

항목별 합산 점수를 통해 나는 평소 어떤 유형인지 파악할 수 있다.

세 가지의 개념을 쉽고 짧게 정리해 보면 이렇다.

에토스(Ethos) 점수가 높은 사람은 말하는 사람에 대한 신뢰도와 공신력, 진정성 점수가 높다고 볼 수 있다. 로고스(Logos) 점수가 높은 사람은 말할 때 굉장히 논리적인 사람으로 설득력이 있고, 파토스(Pathos) 점수가 높은 사람은 말을 듣는 상대방의 감정이나 정서적인 변화까지 움직일 수 있는 공감 능력이 있다고 볼 수 있다.

에토스 (Ethos)	로고스 (Logos)	파토스 (Pathos)
공신력을 얻는 진정성 전략	화자의 논리적 설득 전략	청중의 심리를 이용한 전략
믿을 만한 사람인가?	내용이 논리적인가?	감동을 주었는가?
화자의 도덕적 인품 인격 바탕 개념	언어·진리·이성·논리·법칙의 개념	공감·정열·자신감·동정심의 개념
전문성(Expertise) 신뢰성(Trustworthiness) 역동성(Dynamism)	객관성과 논리 있는 말하기	감정 호소와 정서 변화를 통해 감동으로 설득하는 요소
인격, 도덕성, 선의, 성품, 친밀감, 표현 방법 등이 오랜 시간에 걸쳐 여론으로 평가되기 때문에 평소의 언행이 매우 중요하다	확실하지만, 다소 차갑고 무미건조한 느낌을 줄 수 있다	공감을 얻을 수 있지만, 지속력이 단발적이거나 사리(事理)를 놓쳐 잘못된 판단을 할 수 있는 위험성이 있다

공신력, 잠시 빌려 쓰자

에토스는 권위이자 신뢰이다. 권위와 신뢰는 사람들의 행동과 선택에 강력한 영향을 미칠 수 있다. 그들이 하는 조언은 보다 빠르고 정확한 결정을 내리는 데 도움이 되기도 한다. 그렇다고 아무 생각 없이 조언에 의존하는 건 매우 위험한 일이다.

스탠리 밀그램(Stanley Milgram)이라는 미국 심리학자의 연구에 의하면 사람들은 권위를 갖춘 사람이 명령하면 살인도 할 수 있다고 했다. 매우 극단적인 내용이긴 하지만 그만큼 사람들은 공신력 있는 사람의 권위에 복종하는 경향이 있는 것이다.

그의 연구 내용 중 일부 실험 내용은 이렇다.

의사와 간호사로 구성된 한 연구팀에서 직함만으로도 의료계에서 일정한 힘을 발휘한다는 연구 결과를 발표했다. 이 연구에서 간호사들은 낯선 남성의 전화를 받는데, 이때 남성은 본인이 그 병동의 담당 의사라고 말했다. 그리고 간호사들에게 평소 환자에게 주사했던 약물의 두 배에 달하는 약물을 주입하라고 지시했더니 그 결과가 놀라웠다. 전화를 받았던 간호사 중 95%가 남성의 지시에 복종해 행동했다. 간호사들은 환자에게 해로울 수 있다고 생각하면서도 남성의 지시를 따른 이유가 전문성 있는 권위자인 의사였기 때문이라고 말했다.

왜 그 사람이 말했다고 하면 더 믿는 걸까 - 사회적 증거

앞서도 말했듯이 일반적으로 권위자의 조언에 따르는 행동은 옳은 결정을 내리는 지름길이라고 생각한다. 그래서 우리는 소위 잘나가는 선배나 지인들에게 조언을 구하기도 한다. 마찬가지로 우리는 자신과 비슷한 부류의 사람들을 따라 하면서 옳은 결정을 하려는 경향이 있다고 한다. 우리는 다른 사람들의 이런 행동을 사회적 증거(Social Validation)의 수단으로 사용한다. 다시 말해서 다른 사람들이 먼저 경험하고 얻은, 옳다고 선택된 판단을 파악하고 믿으려 한다. 이유는 간단하다. 정확한 선택을 하기 위해 공신력 있는 사람들의 말을 믿는 것이다.

공신력은 특히 감동과 설득을 요구하는 스피치에서 활용하면 효과적인데, 말하는 사람 본인이 공신력이 있는 경우라면 존재 자체가 절대적 파워를 보여준다. 본인이 아닌 다른 사람의 공신력을 빌려 쓰는 간접 공신력도 비슷한 효과가 있다. 이미 권위와 공신력이 있는 유명 인사의 말이나 상황 등을 잠시 빌려와서 사용하는 것이다. 확실히 말하고자 하는 내용과 연관된 전문성을 가진 사람의 말을 인용하거나 임팩트 있는 표현력으로 유명 인사들의 에피소드나 그들이 했던 명언 등을 활용해 말하면 더 집중시킬 수 있다. 결국 나의 말에 힘을 더할 수 있게 되는 것이다.

왜 그 사람이 말하면 더 믿게 되는 걸까? 끊임없이 정보에 대한 의심이 이어지는 청중에게 공신력이 있는 사람의 믿을 수 있는 정보로 신뢰를 채워야 한다. '9시 뉴스'나 '그것이 알고 싶다' 프로그램에서 ○○○ 의학박사, 범죄심리 박사가 나와서 하는 짧은 말에 우리의 신뢰도는 더 높아진다. 유튜브 채널에서 '피부 좋아지는 법'이라는 썸네일보다는 '15년 차 피부과 의사가 알려주는 피부 좋아지는 법'은 더 많은 클릭을 유도한다. 같은 이치다. 이 책의 필자들 역시도 말로 먹고사는 사람들이 알려주는 '말마중'이라는 제목과 함께 저자들의 프로필을 나열함으로써 이 책을 읽어야 한다고 또 하나의 에토스를 활용한 설득을 하는 것이다.

하지만 필자는 에토스, 로고스, 파토스 이 세 가지는 어느 것 하나 빠뜨릴 수 없이 매우 중요한 요소라고 생각한다. 누군가의 마음을 움직이는 가장 이상적인 방법은 에토스를 중심으로 한 로고스와 파토스의 조화가 아닐까? 로고스를 통해서 말하는 이의 이성적 합리성을, 파토스를 통해서 감정에 다가서는 열정을, 에토스를 통해서 진정성을 갖춤으로써 청중에게 최대의 신뢰와 실질적 도움을 줄 수 있는 말하기를 할 수 있게 된다.

파토스	스토리텔링을 활용하는 EOB기법
E	Example: 예화나 사건을 예로 들어 시작
O	Outline: 핵심 이미지
B	Benefit: 이익/메시지가 시사하는 결론

로고스	논리적 구조로 말하기 PREP기법
P	Point: 핵심 메시지
R	Reason: 메시지를 주장한 이유
E	Example: 메시지를 뒷받침하는 사례/근거
P	Point: 마지막 핵심 메시지 강조

호감도 UP, 신뢰도 UP,
힘 있는 말하기의 기술

가끔 내 앞에 있는 사람에게 묘하게 끌리는 경우가 있다. 주로 정서적, 언어적, 신체적으로 나와 비슷할 경우 매력을 느끼거나 친밀감을 느낀다. 신경 언어 프로그래밍에서는 이것을 페이싱(Pacing)이라고 한다. 페이싱은 보조를 맞춘다는 뜻으로 달리기를 하거나 걷기를 할 때 옆에서 같이 균형 있게 속도를 맞춰주는 것을 말하기도 한다. 페이스 맞추기는 스피치에서도 적용된다. 말할 때 상대방과 균형을 맞추는 것은 사적 대화나 비즈니스에 있어 매우 효과적인 기법이다.

상대방이 취하고 있는 자세나 시선 처리 등이 흡사할수록 호감과 친밀감이 커진다고 한다. 또 정서적으로는 상대방의 가치관이나 신념 등에 페이싱으로 "나도 너와 비슷해."라는 것을 전하는 것이다. 쉽게 말해서 상대가 울면 같이 슬퍼해 주고, 상대가 흥분하거나 기쁜 상태면 그와 비슷한 감정을 공유하고 맞춰 주는 것이다. 사실 감정을 맞춰 주면 "나도 네 마음이야. 충분히 이해해."라며 경청을 통해 공감해 준다는 느낌을 주면서 같은 편, 내 사람이라는 느낌을 받게 한다.

그리고 대화 도중 상대방이 자주 쓰는 단어나 말투 등을 비슷하게 따라 하는 것도 하나의 방법이다. 말의 속도나 강약, 특유의 말 습관들을 비슷하게 맞춰 주면 상대방은 익숙해하고 편안함을 느끼게 된다. 굳이 똑같이 보란 듯 따라 하라는 것은 아니다. 비슷하게 상대방과 분위기를 맞춰 주는 정도가 좋겠다. 의식적으로 상대방과의 공통점 내지는 비슷한 무엇인가를 찾아내거나 만들어내서 대화를 이어 나가면 좋다.

호감을 더하는 말하기 기술

페이싱에는 기억해두면 좋을 구체적인 말하기 방법, 세 가지가 있다.

첫 번째 미러링(Mirroring: 거울 기법), 두 번째, 튜닝(Tuning: 조율하기), 세 번째는 매칭(Matching: 일치하기)이다. 여기에 스킬을 하나 더하면 백트래킹(Backtracking: 맞장구치기)이 있다.

미러링(Mirroring: 거울 기법)

거울을 보듯이 상대방을 따라 한다 하여 미러링 기법이다. 그렇다고 똑같이 따라 하라는 것은 아니다. 비슷하게 하되 상대방이 따라 하고 있다고 느끼지 않게끔 해야 한다. 말을 주고받으면서 간헐적으로 따라 하되 어색하지 않게 해야만 라포 형성에 도움이 된다. 그렇지 않다면 상대방과 친해지기는커녕 오히려 불쾌감만 키우게 될 것이다.

실제로 깊이 사랑하는 연인들 사이에서는 마치 거울처럼 동작이 일치한다고 한다. 함께 있는 사람의 행동이나 자세를 비슷하게 맞춰가면서 호감을 이끌어내는 것이다. 다만 누가 봐도 따라 하는 것 같은 모습은 오히려 장난처럼 느껴질 수 있기에 불쾌감을 안겨줄 수 있으니 주의해야 한다.

튜닝(Tuning: 조율하기)

이 책 저자들의 공통점은 모두 한 방송사에서 같은 라디오를 진행한 경험을 갖고 있다는 것이다. 라디오는 큰 매력을 갖고 있었고 우리 모두는 그 일을 사랑했다. 라디오는 주파수를 타고 청취자들과 함께 호흡하고 소통하는데 이때 선곡되어 흘러나가는 음악이나 진행자의 멘트에 따라 청취자들은 비슷한 감정과 분위기를 느끼게 된다.

이와 마찬가지로 대화를 주고받을 때 상대방과 분위기를 맞춰가는 것을 튜닝이라고 한다. 쉽게 말해서 상대방의 기분이나 분위기가 밝고 유쾌한 상황이라면 그에 맞게 밝게 대화를 나누는 것이다.

운전면허 시험에서 다섯 번 낙방했던 친구가 도로 주행까지 합격했다면 얼마나 기분이 좋겠는가? 그런 친구의 밝은 분위기가 지금 100 정도라면 나도 100에 맞춰서 함께 기뻐해 주는 것이다. 면접에서 고배를 마셨거나 사랑하는 연인과 이별한 친구가 지금 내 앞에서 힘들어하고 있다고 가정해 보자. 슬픔이나 좌절, 우울감 때문에 어두운 친구의 분위기 지수가 현재 90 정도라면 90지수와 비슷한 분위기로 함께해 준다면 친구에게 큰 공감과 위로가 될 것이다.

매칭(Matching: 일치하기)

페이싱 기법의 마지막은 매칭이다. 매칭은 상대방과 말하기 방법을 맞춘다는 의미다. 쉽게 말해서 말할 때 속도나 말투, 표현, 단어 선정, 목소리의 크기 등을 상대방과 비슷하게 하는 것이다.

"맘마 먹을까요?", "칙칙폭폭 타고 할아버지 댁에 갈까요?"

말마중

어린 자녀와 대화를 나눌 때 아이의 나이에 맞는, 아이가 잘 쓰는 말을 그대로 사용하는 것이 바로 매칭이다.

"나른한데 우리 커피 한잔할까요? 좀 졸리죠?"

회사에서 직장 동료가 이렇게 말할 때, "괜찮은데? 난 안 졸린데?"라고 대답하는 것보다는 "그러게요. 좀 나른하면서 졸리던 참이었어요."라는 반응을 보이면 우리는 나와 비슷하다고 생각하면서 호감을 갖게 되는 것이다.

"아, 완전 여름 같다. 덥네요."라고 누군가 당신에게 말한다면 어떻게 할 것인가?

"아닌데? 안 더운데?"보다는 "네, 맞아요. 오늘 좀 덥긴 덥네요."라고 맞춰 주면 어떨까?

누군가 나의 말을 잘 듣고 호응해 주는 것만큼 감사한 일이 있을까?

상대방의 말에 경청하면서 호응을 보여주는 리액션 중에 백트래킹 기법이 있다. 매칭 기술에 백트래킹 기법을 하나 더해 보자. 분명 더 큰 효과를 얻게 될 것이다.

백트래킹(Backtracking: 맞장구치기)

대화에서 상대방의 끝말을 적절하게 따라 해주면서 말의 내용을 경청하고 있음을 확인시켜 주는 것이다. 이때 대화 속의 몇 가지 단어나 핵심어 등을 뽑아서 요약하고 맞장구쳐 주면 좋다. 이런 과정에서 상대는 인정과 지지의 느낌을 경험하게 된다.

백트래킹은 서로 신뢰하고 안정된 관계로 이어지게 하는 좋은 기술이다. 다만 성의 없는 백트래킹은 오히려 관계를 그르치기 때문에 너무 남발해서는 안 된다.

신뢰를 더하는 말하기 기술

말의 내용을 구조화하자

말을 잘하는 사람들의 특징 중 하나는 깔끔한 말의 구조, 체계적인 내용의 조직이다. 말의 내용을 구조화하면 청중의 이해를 돕고 더 나아가 설득하기에 매우 좋다. 또한 말하는 사람의 입장에서도 내용의 흐름을 기억하기에 무척 효과적이다. 말은 글과 달리 휘발성이 강하기 때문에 한 번 말하고 나면 그것으로 끝난다. 따라서 전략적으로 말의 내용을 구조화, 조직화해서 전달하는 게 중요하다. 대표적인 화법 중 하나가 앞서 언급했던 PREP와 EOB이다.

말할 때도 들을 때도 PREP

세계적인 컨설팅 그룹 맥킨지의 '엘리베이터 스피치'는 이미 유명하다. 엘리베이터에 탑승해서 내릴 때까지 보고할 내용을 브리핑해야 하는 것이다. 적지 않은 분량의 내용을 20~30초 내외의 짧은 시간에 설득력 있게 전달하기란 쉽지 않다.

이들이 가장 많이 사용하는 기법이 바로 논리적 구조로 말하는 방법으로, 앞서 언급한 PREP 기법이다. PREP 기법은 자신의 생각과 주장을 명료하면서도 효과적으로 전달할 수 있는, 그야말로 설득력을 높여주는 최고의 말하기 기법이지만 듣는 데도 아주 유효한 방법이다. 상대방

말마중

"정기적인 스피치 교육이 필요합니다. 개발자들이 외부 고객과 소통하는 데 어려움을 겪고 있기 때문입니다. 실제로 상반기 진행된 '고객 만족을 위한 스피치 스킬 향상' 교육을 받은 후 고객 컴플레인이 30% 감소했습니다. 따라서 스피치 교육을 정기적으로 진행했으면 합니다."

Point: 정기적인 스피치 교육이 필요합니다.
Reason: 개발자들이 외부 고객과 소통하는 데 어려움을 겪고 있기 때문입니다.
Example: 실제로 상반기 진행된 '고객 만족을 위한 스피치 스킬 향상' 교육을 받은 후 고객 컴플레인이 30% 감소했습니다.
Point: 따라서 스피치 교육을 정기적으로 진행했으면 합니다.

의 말을 PREP에 맞춰 듣게 되면 무엇을 말하려고 하는지 보다 명확하게 파악할 수 있다.

햄버거처럼 말하자: OBC 스피치

햄버거는 빵과 빵 사이에 고기 패티와 채소, 소스 등이 잘 어울려 맛을 극대화시켜 준다. 스피치도 햄버거와 마찬가지라고 생각해 보자. 가장 위의 빵은 오프닝(Opening) 역할을 하는 서론, 빵 안의 다양한 재료들

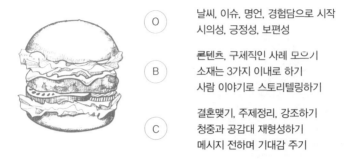

O 날씨, 이슈, 명언, 경험담으로 시작
   시의성, 긍정성, 보편성

B 콘텐츠, 구체적인 사례 모으기
   소재는 3가지 이내로 하기
   사람 이야기로 스토리텔링하기

C 결혼맺기, 주제정리, 강조하기
   청중과 공감대 재형성하기
   메시지 전하며 기대감 주기

을 보디(Body) 역할의 본론, 마지막 빵은 클로징(Closing) 역할을 하는 결론이다. 이 구조를 기억하자.

오프닝(Opening)은 꼭 하자

맨 위의 빵이 없다면 햄버거를 먹을 때 참으로 곤란할 것이다. 스피치도 마찬가지로 처음 시작하는 말, 오프닝이 중요하다. 그렇다고 길게 할 필요도 없다. 빵이 너무 두꺼우면 텁텁하듯이 스피치 오프닝이 길어지면 청중은 외면하게 된다.

오프닝은 가볍게 해야 하는데, 총 분량의 10~15% 이상을 넘지 않도록 주의한다. 여기서는 본론의 핵심 내용과 관련 있는 이야기로 청중의 관심을 끌어야 한다. 오프닝으로 무난하고 자연스럽게 사용할 수 있는 것은 날씨, 크고 작은 사회적 이슈 등을 질문 형식으로 하는 방법이다.

오프닝(Opening) 잘하는 방법

청중에게 질문하면서 내가 말하려는 주제를 직간접적으로 생각할 수 있게 유도하는 방법이 좋다. 충격적이거나 아주 새로운 정보이거나 혹은 자극적인 내용의 말로 청중의 관심과 집중을 유도하는 충격 기법의 오프닝 방법도 적절히 활용하면 효과적이다.

충격 기법과 질문 기법을 활용한 오프닝 예를 들어 보겠다.

"여러분 커피 좋아하시나요? 습관적으로 하루의 시작을 커피와 함께 하는 분들이 많이 계시는데요, 커피를 어떻게 마시느냐에 따라서 우리 몸에 독이 될 수도 있고 득이 될 수도 있다고 합니다. 나를 죽이는 커피, 나를 살리는 커피! 지금부터 똑똑하게 커피를 마시는 방법에 대해 말씀 드려보겠습니다."

많은 사람 앞에서 정보를 전달해야 하는 상황뿐만 아니라 사적 대화에서도 전략적으로 사용하면 좋다. 예를 들어 친구들 모임에서 "요즘 환절기라 그런지 피부 고민이 더 크지 않아? 정말이지 못생겨지는 병에 걸린 것 같아 뭘 해도 푸석푸석한 게. 물을 많이 마시면 좋다고 해서 챙겨 먹었는데 글쎄 알고 보니까 물을 먹는 방법이 따로 있더라고. ○○○ 의학박사 알지? 어제 그 사람이 TV에 나와서 설명하는데 대박이더라고. 혹시 알고 있었어?"라며 관심을 모을 수 있다.

이처럼 오프닝에서 청중의 관심을 끌 수 있는 질문과 충격 요법을 사용할 때 유명 인사나 공신력 있는 사람들의 말이나, 책이나 미디어 등의 내용을 인용하면 흥미를 유발하는 데 도움이 된다. 대중 연설을 할 때나 공적 말하기 자리에서는 속담이나 명언, 설화 등을 인용해서 시작하는 것도 좋다.

겸손이 미덕이라 하여 굳이 안 해도 되는 말을 오프닝에서 하지 말자. 지나친 겸손은 변명으로 들린다. 말하는 사람에 대한 공신력에 아주 치명적인 영향을 줄 수 있다. 준비를 못 했다거나 부족하다는 이런 식의 말은 본격적인 내용을 듣기도 전에 부정적 이미지가 각인되므로 좋지 않다.

본론(Body) 구성 잘하는 법

햄버거 빵 사이의 내용물에 해당하는 보디, 본론을 구성하는 방법을 알아보자. 본론을 말할 때는 우선순위를 두자. 무엇부터 말해야 하는지 고민되고 하고 싶은 말이 많다고 하더라도 우선순위에 따라서 세 가지로 정리해서 말하는 습관을 들이면 좋다. 첫째, 둘째, 셋째 형식으로 말한다. 이 구조는 가장 말하기 좋고 듣기 좋으며 무엇보다 깔끔하다. 이렇게 폴더화 작업을 하고 나면 말할 때는 각각 첫 문장은 되도록 짧고 임팩트 있는 한 문장으로 시작해서 청중의 귀를 솔깃하게 만든다.

다시 한번 강조하지만 아무리 하고 싶은 말이 많더라도 철저하게 청중을 중심으로, 상황에 맞는 중요도에 따라 우선순위를 정한 뒤 세 가지 이내에서 전해야 한다.

사랑하는 사람에게 직접 수제 햄버거를 만들어 주면서 너무나 사랑한 나머지 고기 패티 10장, 치즈 20장, 양상추 한 움큼을 넣었다고 생각해 보자. 그 햄버거를 건네받은 상대는 과연 잘 먹을 수 있을까? 아주 불편하다. 스피치 역시도 내 기준으로 하고 싶은 말을 많이 한다면 청중은 외면하고 만다. 나는 새우버거를 좋아하지만 상대방이 불고기버거를 선호한다면 과감하게 새우버거가 아닌 불고기버거를 건네야 상대방의 만족도가 높아진다. 말할 때도 내가 하고 싶은 말이 아닌 청중이 듣고 싶은 말을 해야 한다.

청중 분석의 중요성은 앞서 언급한 바 있다. 청중이 듣고 싶은 말을 하려면 먼저 청중 분석을 해야 하는데, 기본적으로 성별, 연령, 직업, 지식 수준(학력), 종교, 주요 관심사 등을 미리 파악해 두면 큰 도움이 된다. 남녀의 흥미와 관심사에는 큰 차이가 있고 연령대에 따라 경험이나 이해력 등도 달라진다. 지적 수준에 따라서는 단어 선택의 기준을 정할 수 있다. 그 외 직업이나 지위, 경제적 능력 등에 따라서도 관심 사항이 다르기에 공감대 형성을 위해서는 청중의 특성을 미리 파악해 두는 것이 좋다. 종교와 정치 문제는 지극히 개인적이고 주관적인 신념이기 때문에 자칫 견해차로 논쟁의 소지가 될 수 있다. 그러므로 공적 스피치에서는 종교나 정치 문제는 피하는 게 좋다.

청중 분석은 청중들의 관심사와 원하는 바를 파악해 청중과 공감대를 형성하기 위한 기본적인 스피치 기술임을 잊지 말자.

클로징(Closing) 잘하는 법

햄버거 아랫부분의 빵 역할을 해주는 클로징, 결론이다. 많은 사람이 오프닝의 중요성에 대해서는 알고 있지만 클로징에는 큰 신경을 쓰지 않는 경향이 있다. 정보가 차례대로 제시되었을 경우 앞 내용보다 맨 나중, 즉 마지막 내용을 더 많이 기억한다. 이를 두고 최근효과(Recent Effect)라고 한다. 그런 만큼 마지막 마무리 말하기는 아주 중요한 역할을 하며 꼭 해야 하는 것이다. 말하기의 마지막 인상을 결정하는 결론에서는 스피치의 종료를 알리면서 요점을 정리, 강조한다. 이때 청중에게 깊은 여운과 감동을 남기는 한방이 필요하다.

필자가 강의할 때는 클로징 부분에서 꼭 그날의 핵심 내용을 짧게 정리해 준다. 이런 과정은 정보를 전달하는 스피치에서는 청중의 이해를 돕기 위해 반드시 필요하다고 본다. 덧붙여 청중에게 여운과 감동을 남

오프닝	관심 끌기, 마음 열기, 주제 선언
본론	콘텐츠 사례 모으기, 3가지로 요약
클로징	결론, 공감대, 메시지

기고 싶다면 오프닝 스피치에서처럼 유명 인사들의 말이나 책 속 구절, 속담, 격언 등을 인용하거나 희망적인 메시지를 전달하는 것이 좋다. 특히 주제와 관련 있는 공신력을 갖춘 사람들의 말을 인용하면 신뢰감을 줄 수 있다. 클로징은 전체 분량에서 10~15%면 충분하다.

남들보다 쉽게 설득하는 말하기 요령

풋 인 더 도어(Foot in the Door) 기법

《UP》이라는 영화에서도 등장하는 풋 인 더 도어, 일명 '문전 걸치기 기법'은 상대방에게 최대한 부담을 주지 않으면서 서서히 부탁하는 설득 스피치 기법 중 하나다.

영화 속 칼은 아내를 잃고 세상과 단절한 채 혼자 작은 집에서 살고 있다. 그러던 어느 날 꼬마 러셀이 칼을 찾아와 도움을 주고자 하지만 칼은 꼬마의 제안을 거절한다. 꼬마의 도움을 거절하고 미안함을 느낀 칼은 문을 살짝 연다. 이때 러셀은 문틈으로 발을 집어넣는데, 이내 칼은 어쩔 수 없다는 듯 꼬마 러셀과 대화를 이어간다.

이처럼 상대방이 부탁이나 설득을 거절하지 못하게 하는 전략적 스피치 스킬 중 하나가 '풋 인 더 도어'이며, 이 기술은 1966년 프리드먼 교수를 통해 알려졌다. 맨 처음에는 상대방에게 사소하고 부담이 덜 가는 부탁을 하다가 점점 더 큰 부탁을 하면 거절하지 못하게 되고 나아가 애초의 부탁보다 더 큰 부탁까지도 들어준다는 논리다. 이는 마케팅이나 비즈니스에서 많이 사용하는 스피치 스킬인데, 일상적인 대화에서도 충분히 활용할 수 있다.

"우리 커피 한잔하고 갈까?"

"커피 마시니까 달달한 마카롱이 땡기네, 어때? 하나 먹을까?"

"가성비 따져보니 마카롱보다는 조각 케이크가 더 나은 듯싶네. 우리 치즈 케이크 하나 먹을까?"

"들어오셔서 구경하고 가세요. 오늘 오픈식이어서 시식 코너도 마련되어 있습니다. 안 사도 괜찮으니까 부담 없이 들어오세요."

"이 제품은 저희가 연구 개발한 반죽으로 만든 쿠키인데요, 한번 드셔보세요."

"오늘은 전 품목 오픈 기념 세일이라 구매하시면 30% 할인됩니다. 포장해 드릴까요?"

커피 한잔하자는 말에 따라갔다가 치즈 케이크까지 먹고 나오는 상황, 부담 없이 구경만 하라던 직원의 말에 일단 가게 안에 들어가서 시식하고 제품까지 구매해 나오는 상황. 상대가 쉽게 들어줄 쉬운 부탁으로 시작해서 점점 큰 부탁을 하는 방법이다.

도어 인 더 페이스(Door in the Face) 기법

이 기법은 큰 부탁부터 시작해서 서서히 작은 부탁을 하는 방법이다.

처음에는 상대방이 받아들이기 힘든 어려운 부탁이나 요구를 한 뒤 이를 거부할 때쯤 한 발 양보하는 듯한 느낌을 주는 것이다. 그러다 다시 얼굴을 내밀어 앞서 제안한 부탁이나 요구보다 작거나 현실적인 것을 제시하는 기법이다.

맨 처음 한 부탁이나 요구보다 나중에 한 것의 차이가 크면 클수록 더 많은 양보를 한 것처럼 여겨지기 때문에 상대방 입장에서는 부담이 크게 줄어 그것을 수용할 확률이 높아진다. 살면서 누군가에게 부탁해야 할 경우도 있지만 부탁받는 경우도 상당히 많다. 이때 상대방은 거절하는 과정에서 심리적으로 미안함을 느끼게 되는데, 부탁을 거절할 때 느끼는 부담감이나 미안함을 이용하는 심리적 스피치 기법이다. 그렇다고 지나치게 터무니없는 요구를 한다면 "말도 안 되는 소리를 하는군." 하며 바로 등을 돌릴 수 있으니 첫 부탁과 요구를 잘 정해야 한다.

"30만 원 좀 빌려줄 수 있을까?"

"아, 좀 액수가 크지? 미안해. 혹시 그럼 택시비에 보태게 3,000원만

말마중

빌려줄래?"

30만 원은 빌려주기 부담스러웠지만 곧바로 제시한 3,000원은 상대적으로 액수가 적다 보니 미안한 마음에 쉽게 빌려주게 된다.

이 스피치 전략은 매장에서 물건을 팔 때 많이 사용하는 마케팅 기법이기도 하다. 고객에게 고가의 고급 제품을 먼저 보여준 다음, 비교적 저렴한 제품을 사도록 유도하는 것이다. 심리적으로 고가의 물건을 구매한 사람은 그보다 저렴한 물건에 대한 저항이나 거부감이 덜하다.

17만 원짜리 원피스를 결제할 때 계산대 앞에 진열된 1만 5,000원짜리 스카프를 직원이 추천한다.

"이 원피스에 함께하면 아주 잘 어울리겠죠? 아주 딱이에요. 가격도 1만 5,000원이에요."
"17만 원짜리를 사면서 1만 5,000원짜리 정도는 뭐…."

이렇게 우리는 알게 모르게 도어 인 더 페이스 기법을 잘 활용하는 직원들의 스피치 기술과 마케팅 전략에 넘어갔을 수도 있다. 말을 하다 보면 밀당(밀고 당기는)하는 경우가 자주 발생한다. 이때 내가 진짜 원하는 것이 있다면, 그래서 상대방을 설득하고 싶다면 도어 인 더 페이스 기법을 적절히 활용해 보자.

예를 들어 말하기

다소 어려운 말을 할 때 청중의 이해를 돕기 위한 좋은 방법은 예시를

드는 것이다. 추상적인 내용을 쉽게 이해할 수 있도록 구체적인 사례를 들어 설명하는 것으로 본인이 직접 경험했던 일이나 목격한 일, 누군가에게 들은 일, 책이나 미디어 등에서 접한 내용 등으로 적절한 사례를 찾아 예를 들어주면 된다. 이때 말하는 사람이 본인의 상황이나 스타일에 맞게 각색하고 해석을 덧붙이면 훨씬 더 유리하다.

통계(Statistics)

스피치에 힘을 키워주는 것 중 하나가 바로 숫자와 통계이다. 사람들은 숫자를 신뢰한다. 정보 스피치는 물론이고 일상적인 대화 속에서도 명확한 통계 자료를 활용하면 그 말을 하는 사람에 대한 신뢰도가 상승한다. 그렇다면 통계 자료를 활용한 스피치는 어떻게 하면 좋을까? 몇 가지 요령이 더해지면 말하기의 힘이 더욱 커진다.

먼저 숫자는 정확해야 한다. 다만 긴 숫자의 경우 반올림하거나 가능하다면 숫자를 단순화해 말하는 것이 깔끔하다. 예를 들어 57만 3,200원이라면 57만 원가량으로, 89.333333%일 경우라면 약 89%가량으로 깔끔하게 단순화하는 것이다.

빠른 이해를 돕는 말하기 방법: 비교와 대조 그리고 숫자 3 활용법

"기상 뉴스 한 번만 해주세요. 급해요."

밤 10시를 얼마 남겨두지 않은 시각, 라디오 생방송을 마치고 귀가 준비를 하고 있는 필자에게 제작진 중 한 명이 급히 뛰어와 말했다. 생방송 10분 전에 한 번도 안 해본 기상 뉴스라니, 이게 무슨 날벼락인가 싶

었다. 하지만 그 시각에 펑크 낸 인력을 대체할 사람 또한 필자뿐이었다. 선택권은 없었다. 10분 남짓한 시간 안에 먼저 기상 원고를 작성해야 했다. 원고를 작성하고 데스크를 받는데 담당 PD가 이렇게 말했다.

"와! 원고 좋아요. 그런데 비교, 대조! 어제랑 평년이랑 비교하거나 대조해서 멘트해 주세요."

그렇다. 비교와 대조는 정보를 전달할 때 유사하거나 혹은 다른 사항을 함께 설명하는 방식이다. 서로 비교, 대조를 통해 어떻게, 무엇이 차이가 나는지를 쉽게 청중은 이해하고 받아들일 수 있다.

보통은 '○○와 같이', '○○처럼', 그리고 '○○과 비교해볼 때', '○○과 다르게', '반면에', '○○과 마찬가지로', '한편', '○○과는 대조적으로' 등이 사용된다.

숫자 3 활용법

스탠퍼드대학교의 필립 짐바르도(Philip Zimbardo) 교수의 말에 따르면 숫자 3에는 힘이 있다고 한다. 세 가지가 모이면 집단이라는 개념이 되고 사회적 규범이 되고 특정한 목적이 있는 것으로 보여 세 명이 같은 행동을 하면 거기엔 그럴 만한 이유가 있을 거라고 사람들은 생각한다는 것이다.

같은 장소에서 우연히 한 사람을 세 번 만나면 운명일 거라 생각하고 가위바위보도 삼세판을 하자고 제안한다. 이런 3의 법칙을 특히나 공적 말하기, 대중 연설에서 자주 사용할 것을 추천한다. 말 좀 한다는 사람들은 '3의 법칙'을 잘 활용한다. 구조적 병치를 이용해 세 개의 문구를 열거하는 삼단화법(Triple)을 구사하면 듣기에도 깔끔하다. 이때는 보다 짧고 임팩트 있는 문장으로 해야 효과적이다. 목소리를 점점 높인다거나 강약 조절을 하면 더 좋다. 첫 문장보다 두 번째를 강하게, 마지막을 더 강하게 하거나 오히려 작게 하는 점강법도 효과가 좋다.

Look

전략적 보디랭귀지 활용법

몸 자체가
움직이는 언어다

"말하지 않아도 나를 표현할 수 있어!"

　문이 열리고 그녀가 들어오기만 했는데 첫눈에 내 사람이라는 것을 알았다는 한 남자. 유리상자의 노래 '사랑해도 될까요'의 첫 소절은 이렇게 보디랭귀지의 힘을 표현하고 있다. 좋은 말로 그에 대한 정보를 소개하기도 전에 문을 열고 들어오는 순간, 자신이 어떤 사람인지를 몸으로 보여준 것이다. 그녀는 이미지를 잘 활용하여 그에게 자신이 좋은 사람이라는 것을 효과적으로 어필했다.

잘 보여줘야 제대로 통한다

머리부터 발끝까지 올 블랙(All Black), 책상 위에 턱을 괸 채 다리를 꼬고 비스듬히 앉아 있는 무표정한 한 여성이 있다. 만약 이 여성이 내 앞에 있다고 가정해 보자. 어떤 생각이 드는가? 아마 대부분은 '차갑다', '다가가기 어려운 사람'이라는 생각이 들 것이다. 이 여성은 다름 아닌 과거 언론 고시를 준비하던 필자이다.

"첫인상이 워낙 차갑고 강렬해서 너와 친해지기까지 시간이 걸렸지."
"말은 참 따뜻했는데, 네가 정말 정 많고 따뜻하다는 걸 알게 되기까지 오래 걸렸다."

따뜻하고 친근한 단어들로 좋은 말을 하고, 모두에게 열과 성을 다해서 도움을 주려고 노력했지만, 스터디를 하기 위해 모인 첫날 필자의 모습을 보고 멤버들은 하나같이 '친해지기 어려운 사람'이라고 생각했다고 말한다. 친절하고 예의 바른 모습으로 스터디 멤버들과 친하게 지내면서 열심히 공부하겠다고 다짐하고 나간 자리였는데, 사람들에게는 필자의 의도가 전혀 전달되지 않았다. 턱을 괸 채 다리를 꼬고 삐딱하게 앉아 있는 무표정한 사람은 누가 봐도 친절하고 예의 바른 모습은 아니다. 나이가 많았던 스터디원에게는 오히려 무례하게 보였을 수도 있다. 차가운 표정으로 "만나서 참 반갑습니다."라는 말을 한다고 해서 반가운 마음이나 메시지가 제대로 전달되기는 힘들다. 메시지에 맞는, 보여주고 싶은 이미지에 맞는 보디랭귀지가 필요하다. 결국 잘 보여줘야 제대로 통한다.

말에 힘을 싣기도 하고 뺏기도 하는 것이 보디랭귀지이다.

때로는 열 마디 말보다 더 강력한 힘을 발휘하는 것이 바로 '몸의 언어'이다. 몸은 내가 하는 말, 메시지만큼 막강한 영향력이 있다. 정확히는 우리가 하는 말에 힘을 싣기도, 빼앗기도 하는 것이 바로 보디랭귀지이기 때문에 우리의 몸을 잘 챙겨야 한다.

말보다 중요한 무엇

공무원 면접이 다가오면 취업준비생들의 면접 지도로 정신이 없다. 그중 한 학생이 유독 생각난다. 첫날부터 기본 질문에 대한 답변을 준비해 왔고, 공부하면서도 틈나는 대로 봉사 활동도 꾸준히 할 정도로 알수록 성실하고 괜찮은 학생이었다. 다만, 그 사람이 얼마나 괜찮은 사람인지 바로 보이지 않았다. 모의 면접을 진행할 때 보면 다른 사람이 이야기하는 것처럼 그가 준비한 답변이 통하지 않았다. 이야기 구성 자체에는 큰 문제가 없었다.

말하는 사람의 태도가 말의 내용과 매칭이 되지 않는 것이 문제였다. 과 대표를 하면서 학우들의 불편 사항을 적극적으로 개선하려 노력했다는 에피소드를 말하는데, 그의 자세는 움츠러들어 있었고 표정은 어두웠으며 목소리는 웅얼거리며 겨우 들릴 정도로 작았다. 적극적이고 열정적인 본인의 강점을 어필하려 했지만, 보이는 태도가 정반대이다 보니 말에 힘이 실리지 않았다.

말을 잘하기 위해서는 단순히 메시지를 열심히 준비하는 것에 그치지 말고 어떻게 하면 내가 준비한 대로 메시지를 보낼 수 있을지, 내 의도대로 상대에게 전달할지를 함께 생각해야 한다. 할 말의 내용뿐만 아니라 '스피커'인 내가 제대로 준비되어 있어야 한다.

말에 힘을 더하는 기술은 우리 몸에 있다.

필자는 아나운서와 강사로 말이 중요한 직군에서 일하며 '몸'에 대해 더 많은 관심을 가지고 공부하기 시작했다. 말의 중요성이 커질수록 몸짓에 더 신경 쓰고 마지막까지 연습하며 점검하려고 노력한다. 또한 좋은 스피커가 되고 싶은 사람들에게 몸짓을 정돈하고 보디랭귀지를 연습하라고 강조한다.

면접 준비를 지도했던 한 학생은 일주일에 몇 번이고 찾아와 자세와 표정 연습을 했고, 연습하는 모습을 촬영해 피드백을 받았다. 그리고 그해 최종 합격해서 지금도 가끔 연락하며 안부를 전해 온다. 보디랭귀지를 신경 쓴다는 것이 낯설고 어색하지만 조금만 신경 쓰고 반복해서 연습한다면 점점 좋아지는 것을 볼 수 있다. 말에 힘을 더하는 작아 보이지만 강력한 기술은 우리 몸에 있다.

말은 이미지로 시작된다

입사하고 싶은 회사의 면접, 소개팅, 새로운 사업을 위한 미팅 등 누군가를 처음 만나는 일을 앞두고 있다고 가정해 보자. 무엇을 준비하겠는가? 아마 가장 공들이는 부분은 그날 할 말의 내용일 것이다. 그러나 당일 만남에서 우리가 열심히 준비한 메시지는 상대방에게 제대로 전달되지 않을 수도 있다. 그 내용이 아무리 훌륭하고 좋을지라도 말이다. 특히 처음 만나는 자리일수록 더 그렇다.

지인이거나 친한 친구가 아닌 이상 그 사람은 태도나 표정 등의 비언어적인 시각적 요소로 인상이 결정된다. 그렇게 형성된 첫인상을 바탕으로 우리의 말이 상대방에게 전달되는 것이다.

문제는 듣는 이가 아닌 스피커!

미국의 뇌 과학자 폴 왈렌(Paul J. Whalen)의 연구에 따르면 사람은 뇌의 편도체를 통해 0.1초도 안 되는 짧은 순간, 상대방에 대한 호감도와 신뢰도를 평가한다고 한다. 이 찰나의 순간, 첫인상을 결정짓는 요인은 무엇일까? 바로 외모, 목소리, 어휘다. 열심히 준비한 메시지 이전에 외모나 목소리 등 비언어적인 요소로 신뢰 관계 형성에 영향을 주는 것이다. 필자의 경우 스터디원들과 대화하기 전 이미 외모와 목소리로 '차갑다'는 이미지로 각인되었고, 첫 순간 때 포착된 이미지가 메시지 전달과 관계에 영향을 미쳤던 것이다.

커뮤니케이션은 결코 말이 전부가 아니다

"코로나인데 왜 굳이 대면 면접을 하는지 모르겠어요. 자기소개서도 냈고, 비대면 면접도 하는데….

"대면 면접은 당연한 거야. 직접 보면서 이미지도 파악하고, 진짜 '커뮤니케이션' 해봐야 그 사람을 알게 되니까!"

화상 회의 시스템이 나날이 발전하고 SNS, 카카오톡과 같은 메신저로 편하게, 그리고 끊임없이 커뮤니케이션을 할 수 있는데도 직접 만나는 이유는 무엇일까? 채용 과정에서 대면 면접이 꼭 포함되는 이유는 직접 봐야 그 사람을 알 수 있고, 제대로 커뮤니케이션을 할 수 있기 때문이다.

말로 표현할 때 보디랭귀지를 활용하면 의미를 제대로 전달할 수 있다. 그리고 직접 그 사람의 눈빛과 제스처를 보며 대화하는 것만큼 확실한 것은 없다. 듣는 사람 입장이 되어 생각해 보면 메시지를 전달받을 때 말 자체만 영향을 끼치는 것이 아님을 깨달을 수 있다. 커뮤니케이션은 결코 말의 내용이 전부가 아니다. 실제로 언어적 요소가 아닌 비언어적 요소가 커뮤니케이션에서 차지하는 비중은 꽤 높은 편이다.

눈빛과 제스처를 직접 보며 대화하는 것만큼 확실한 것은 없다.

레이 버드위스텔(Ray Birdwhistell)은 표현 수단으로서 언어 대 비언어의 비율이 35 대 65라고 주장하기도 했다. 또 미국 캘리포니아대학교 심리학과 명예 교수이자 심리학자인 앨버트 메라비언(Albert Mehrabian)은

| 음성 38% | 표정 35% | 행동 20% | 내용 7% |

1971년 출간한 저서를 통해 대화에서 시각과 청각의 이미지가 중요하다는 이론을 발표했다. 목소리가 38%, 표정이나 행동 등 시각적 요소가 55%로 비언어적 요소가 차지하는 비중이 93%인 반면, 내용은 7%만 작용한다는 것이다.

특히 면접처럼 짧은 시간에 좋은 이미지를 줘야 하는 경우 비언어적 요소는 더 중요하게 적용된다.

한 취업 포털 사이트에서 기업의 인사 담당자를 상대로 실시한 설문조사 결과, 인사 담당자 95.7%가 직원 채용 시 면접에서 받은 인상을 채용 평가에 반영하고 있었다. 면접에서 지원자의 첫인상이 차지하는 비중은 평균 57.1%, 80% 이상인 곳도 19.4%로 높아 대체로 첫인상이 면접에서 높은 비중을 차지한다고 느끼고 있었다.

성공하고 싶다면 얼굴 경영부터 하자

물론 첫인상이 우리 사회생활의 성패를 좌우하는 절대적인 키는 아니다. 하지만 첫인상이라는 것은 다른 사람과 관계를 맺을 때 누구나 '반드시' 갖게 되는 것이고, 그 첫인상의 후광으로 전달하고자 하는 메시지가 긍정적인 결과로 이어질 수도 있다. 말을 잘하고 싶다면, 그래서 좋은 결과를 얻고 싶다면 첫 순간을 그냥 흘려보내지 말고 말의 기초를 잘 다져 놓자. 말만 많이 한다고 능사가 아니다. 시작이 중요하다. 그 시작의 중심은 바로 얼굴, 표정, 인상이다. 다시 말해서 말이든 관계든 비즈니스든 성공하고 싶다면 '얼굴 경영'에 신경 써야 할 것이다.

어떤 대상을 평가할 때 그 대상의 어느 한 특질이 그 대상의 다른 특질들에도 영향을 미치는 것을 후광효과(Halo Effect)라고 한다. 심리학에서는 개인의 인상 형성이나 수행 평가 측면에서, 마케팅에서는 특정 상품에 대한 소비자의 태도 또는 브랜드 이미지 평가 맥락에서 주로 언급된다. 좋은 보디랭귀지는 메시지를 빛나게 하는 조명이 된다!

입만 열면 깨는 사람 안 되는 법

잠시 생각해 보자. 우리가 누군가를 처음 만났을 때 그 사람의 외모에서 좋은 인상을 받으면 그 사람의 지능이나 성격 등도 좋게 평가하게 되고, 상품의 포장이 훌륭하면 그 내용물 역시 좋을 것 같다고 기대하지 않는가? 내가 그렇다면 상대도 그러하다. 첫인상으로 판단하는 것이 우리의 고정관념이고 선택 시 오류를 범하게 한다 할지라도 대부분의 사람이 영향을 받는다면 첫인상을 놓치지 말고 잘 챙겨야 한다.

우리가 사람을 직접 대면할 때의 흐름을 생각해 보면 상대에게서 가장 먼저 들어오는 정보는 이미지이다. 체형이나 스타일, 걸음걸이, 자세 등 비언어적인 요소가 직관적으로 가장 먼저 들어오고, 이후 인사할 때의 음성이나 말투로 그에 대한 이미지가 만들어진다. 그리고 나서 본격적인 소통이 시작된다. 열린 마음으로 소통할 것인지 아닌지는 그 전에 어느 정도 정해지는 것이다.

그렇다고 해서 결코 말의 내용이 중요하지 않다는 것은 아니다. 이미지가 아무리 좋고 호감이어도 그가 담고 있는 메시지가 엉망이거나 비호감이면 모든 것이 그야말로 '말짱 꽝'이다. 입만 열면 '깨는' 사람이 되지 않기 위해서 말의 내용을 알차게 준비하는 것은 당연히 중요하다. 하지만 말을 잘하고 제대로 소통하고 싶다면 보여주는 것을 놓쳐서는 안 된다.

상대에게 보여줘야 열심히 준비한 것이 통한다.

기업이 새로운 제품을 출시할 때면 제품의 품질만큼이나 마케팅에도 심혈을 기울인다. 제품을 갖고 싶거나 사용하고 싶도록 해야 하기 때문이다. 이들은 제품의 호감도를 높일 광고를 선보여 제품에 대한 기대감을 높이고 잠재 고객들의 구매 욕구를 자극한다. 자기 어필 시대에 사는 우리도 기업처럼 잘 준비하여 스스로를 광고해야 한다. 얼마나 괜찮은 사람인지, 얼마나 믿을 만한지 상대에게 보여야 열심히 준비한 말들이 통하게 된다.

소통 과정에서는 말의 내용으로만 전달되는 것이 아니라 메시지와 몸짓이 반복적으로 작용한다. 말과 행동이 동시에 연결되어 청자에게 다가가는 것이다. 말에 어떤 행동이 더해지느냐에 따라 상대에게 제공되는 정보가 달라진다. 예상치 못하게 정보가 왜곡되기도 하고, 기대보다 훨씬 좋은 결과로 이어지기도 한다. 열심히 준비한 말이 의도한 대로 상대에게 가닿기 위해서는 만남이 끝나는 순간까지 메시지의 정확한 발신을 위해 작은 몸짓 하나도 소홀히 여기지 말고 준비하자.

무의식이 아니라 전략적인 움직임

함께 방송하던 아나운서 중 늘 뭔가 불만이 있어 보이는 동료가 있었다. 방송할 때를 제외하고는 다른 사람에게 시선을 주지 않았고, 미간을 찌푸리거나 입술을 꾹 다물고 스마트폰만 보고 있었다. 필자는 다른 사람의 기분을 살피며 눈치를 많이 보는 타입이어서 그에게 다가가 말을 걸어도 되는지, 무슨 실수를 해서 기분을 상하게 한 것은 아닌지 대하기가 조심스러웠다. 함께 일하는 다른 동료들도 비슷하게 느꼈다. 1년 가까운 시간을 같이 일하며 출장을 가서 한방을 썼는데도 그 동료와는 마지막까지 가까워지지 못했다. 물론 일로 만난 사이기 때문에 사적인 친밀함이 중요한 것은 아니었지만, 함께 일하는 스태프들이 다가가기 어렵다고 느끼면서 일로도 큰 도움을 주고받지 못하게 되었다.

그의 몸짓은 사람들이 편하게 다가가지 못하도록 했고, 일에 흥미가 없는 심드렁한 사람처럼 보이게 했다. 그러다 보니 그의 제안이나 지적은 그저 불만에서 나오는 투정처럼 느껴지기도 했다. 그와 좀 더 깊이 대화해 보면 단지 일할 때 도움이 될 좋은 아이디어를 가졌을 뿐, 상황이나 사람에 대한 불만도 전혀 없었다. 하지만 그렇게 깊이 있는 대화로 이어지기가 어려웠고, 그로 인해 오해가 생기기도 했다.

나도 모르는 사이 나의 표정과 태도, 습관이 내 말에 영향을 미친다.

요즘 출연자의 행동을 보며 어떤 심리를 가지고 있는지, 누구에게 호감을 가지고 있는지를 분석하는 관찰형 예능이 많다. 호감이 가는 사람을 향해 시선이 따라가고, 관심 없는 주제에 시큰둥한 표정을 짓거나 불편한 사람과 거리를 두는 등 당사자도 모르는 행동과 표정, 작은 움직임으로 출연자의 마음이나 생각이 노출된다. 출연자의 언행은 의도하지 않았더라도 긍정적 상태 또는 부정적인 감정으로 해석될 수도 있다. 마찬가지로 우리도 그렇게 읽힐 수 있다. 사소한 습관, 무의식적인 행동으로 진심이나 입에서 나오는 정보가 왜곡되어 전달될 수 있다는 말이다. 나도 모르는 사이 나오는 부정적인 표정이나 태도, 습관이 말에 영향을 끼치는 것이다.

사소한 몸짓이 말의 소리보다 더 강하게 느껴진다

메시지를 잘 전달하기 위해서는 몸짓을 잘 제어해야 한다. 나도 모르는 사이 나오는 사소한 습관이나 태도가 메시지 전달에 방해를 줄 수도 있기 때문이다. 대화는 말로만 이루어지는 것이 아니다. 보이는 정보가 들리는 것보다 '믿을 만하다'고 여겨지는 경우가 많기 때문에 시각적인 정보를 잘 제어해야 한다.

사람은 보이는 정보가 들리는 것보다 '믿을 만하다'고 여긴다.

습관적으로 하는 몸짓에 대해 파악하고 있는가? 다른 사람이 보았을 때 부정적으로 느낄 만한 몸짓이 있진 않은가? 상황에 맞게 자연스러운 보디랭귀지를 활용하고 있는가?

보디랭귀지는 거창한 것이 아니다. 스피치를 풍성하게 하는 제스처뿐만 아니라 앉아 있는 자세, 자연스럽게 나오는 표정, 바라보는 눈빛 등 우리가 일상생활에서 의도 없이 하는 모습들도 보디랭귀지가 되고, 상대방에게 정보를 제공한다.

모든 행동을 의식적으로 제어할 수는 없다. 상황이나 환경에 따라 순간적이고 반사적으로 나오는 몸짓까지 다 절제하고 제어하라는 뜻이 아니다. 몸은 뇌의 신호에 지배받기 때문에 모든 행동을 다 제어할 수는 없다. 적어도 나도 모르게 하는 행동으로 오해를 쌓거나 방해받지 않도록, 우리의 움직임을 조금 더 의식적으로 사용해 보자는 것이다. 의도한 대로 정보가 전달될 수 있도록 전략적으로 보디랭귀지를 활용하자. 조금만 의식하고 신경 쓴다면 우리의 관계는, 대화는, 반응은 분명 달라질 것이다.

보디랭귀지가 낯선 당신을 위한 Tip

보디랭귀지 사용은 처음만 낯설고 어색할 뿐, 약간의 노력만으로도 효과를 볼 수 있는 언어다. 일상에서 쉽게 연습할 수 있는 방법에 대해 간략하게 소개한다. 읽고 넘기거나 생각으로만 따라 하지 말고, 꼭 하루 한 번은 행동으로 옮기길….

관찰하기

어떤 사람을 볼 때 신뢰감이 느껴지는가? 친절함을 느끼게 하는 행동은 무엇인가? 상대에게 어떤 행동을 보여야 할지 감이 오지 않는다면 관찰부터 시작하라. 그냥 보는 것이 아니라 자세히(그러나 무례하지 않게) 관찰해야 한다. 자신감이 느껴지는 저 사람은 어떤 태도를 보이는지, 어떤 행동에서 신뢰를 주는지, 좋은 사람이라고 평가받는 사람은 어떤 모습인지를 관찰하고 기록하자. 관찰 대상이 유명인이나 모르는 사람이어도 상관없다. 어떻게 그런 이미지를 연출하는지를 유심히 관찰하고 간략한 상황과 함께 행동을 적으면 더 좋다. 옷차림이나 표정, 자세, 제스처, 말투 등 그런 이미지를 주는 것을 적어보자. 하나의 이미지에 여러 대상을 관찰할수록 도움이 될 것이다.

따라 하기

머리로 아는 것과 행동으로 옮기는 것은 다르다. 관찰을 통해 배웠다면 행동으로 옮겨야 진짜 나의 보디랭귀지가 된다. 친절한 사람으로 보이고 싶다면 친절하다고 느꼈던 사람의 보편적인 행동부터 하나씩 따라 해보자. 어깨를 펴고 당당하게 걷는 사람에게서 자신감을 느꼈다면 어깨를 펴고 걷는 연습부터 하는 것이다.

그 사람의 스타일링을 따라 하는 방법도 있다. 조급할 필요 없다. 가장 가지고 싶은 이미지의 보편적인 몸짓부터 하나씩 몸에 익히고 습관화시키자. 어색하고 불편하더라도 익을 때까지 매일 노력한다면 그 이미지가 몸에 새겨질 것이다.

얼굴의 움직임이 더 많은 말을 한다

좋은 이미지를 형성하는 데에 있어서 얼굴은 중요하다. 누군가를 만나면 가장 먼저 보게 되는 것이 얼굴이고, 그 사람을 생각하면 떠오르는 것역시 얼굴이지 않은가? 그렇다고 해서 이미지의 핵심이 '외모'라는 뜻은아니다.

이미지를 위해 외모를 가꾸는 것이 이미지 메이킹 방법 중 하나이긴하지만, 선천적 외모가 좋은 이미지를 형성하는 절대적인 요소라고 볼수는 없다.

필자는 타고난 외모가 아니라 얼굴로 나타나는 메시지가 그 사람을말해 준다고 생각한다.

우리가 '보여주는' 메시지는 호감도에 기여하기도 하고 전달하고자하는 말에 힘을 더하거나 빼기도 한다. 사소한 습관이 부정적인 이미지를 주지는 않는지 점검하고, 메시지 전달에 효과적인 얼굴 활용법에 대해서 함께 고민하고 노력하면 좋겠다.

표정이 당신을 말한다

"헉! 나 평소에 이래?"

지난봄 어느 날, 친구가 몰래 필자의 모습을 담은 동영상을 보여 줬는데 무척 놀랄 수밖에 없었다. 눈은 힘 없이 가늘게 뜬 상태로 스마트폰을 보며 중간중간 찌푸리는 듯한 표정을 짓는 것이 아닌가! 친구는 뿔난 놀부 같다며 웃었지만 필자는 심각했고, 그런 모습을 보였다는 것에 조금은 억울했다.

뜨다 만 듯한 게슴츠레한 눈은 오랫동안 렌즈를 착용하면서 눈이 건조해져 생긴 습관(동영상을 보고 의식하고 나서야 파악했다)이다. 또 혼자서 화면을 집중할 때 이렇게나 티 나게 얼굴을 찌푸리는 줄 미처 몰랐다. 스스로 보기에도 전체적으로 표정이 경직되어 있고 뭔가 불편한 사람처럼 보여서 다가가기 어려운 사람으로 느껴졌다. 그동안 몰랐던, 사소하게 여긴 습관이 다른 사람에게 다가오지 말라는 시그널로 작용했겠다는 생각에 반성하게 되었다. 그때부터 표정에 조금 더 신경 쓰기 시작했다. 의식적으로 눈을 끝까지 뜨면서 초롱초롱한 눈망울을 가지려 노력했고, 인공 눈물을 휴대하며 눈이 건조하지 않도록 챙겼다. 지켜보는 사람이 없어도 미소를 띠려고 신경 쓰다 보니 미간을 찌푸리는 것도 의식하게 되었다. 자연스러운 표정이 호감으로 느껴지도록 지금도 노력하고 있다.

자기도 모르는 사이에 짓는 표정이 자신이 어떤 사람인지를 표현한다.

아무도 없을 때 당신은 어떤 사람인가? 보통 어떤 표정을 짓고 있는지 알고 있는가? 지금 휴대전화의 카메라를 켜서 본인의 얼굴을 촬영하거나 거울이 있다면 당신의 지금 표정을 살펴보라. 어떤 표정인가? 사실 거울을 보거나 카메라를 들이대면 의식적으로 좋은 표정을 만들려고 하기 때문에 객관적인 모습을 확인하기는 어렵다. 의식하고 신경 쓰면 얼마든지 보기 좋은 표정을 지을 수 있다. 자신도 모르는 사이, 지금 짓고 있는 표정이 다른 사람들에게 당신이 어떤 사람인지를 나타낸다는 사실을 기억하기 바란다.

상대방의 표정을 보면서 그 사람의 상태나 마음을 유추한다. 기분이 어떤지 매번 꼬치꼬치 캐물을 수도 없을뿐더러, 굳은 표정인데도 괜찮다고 말하는 경우도 있다 보니 표정이나 행동처럼 '보이는 언어'를 활용해 상대의 상태를 간접적으로 파악할 수밖에 없다. 당신의 표정은 입을 떼기도 전에 당신이 어떤 사람인지, 어떤 이야기를 할 것인지 '예고'하는 것이다. 만약 상대에게 보이는 나의 표정이 불편한 감정이라면 소통의 과정이 어떻게 흘러가게 될까?

'보이는 언어'인 표정을 활용하자.

인간은 얼굴 근육을 활용해 만 가지 이상의 다양한 표정을 만들어낼 수 있다고 한다. 그렇다 보니 표정은 상대에게 정확한 정보를 줄 수 있는가 하면 오해를 일으키기도 한다. 특히 부정적인 감정을 표현하는 표정은 전 세계 어디서나 공통적으로 인식된다. 만약 나도 모르게 표정으로 부정적인 시그널을 계속해서 보내고 있다면, 다른 사람에게 부정적인 이미지로 기억될 수 있다. 부정적인 이미지가 강조되면 메시지 역시 부정적으로 들린다.

이왕이면 이 책을 읽는 여러분이 무의식적으로 짓는 표정은 긍정적인 뜻을 가지고 있기를 바란다. 눈썹을 올려 눈을 크게 뜨면 밝은 이미지를 연출할 수 있다. 이런 표정에 미소가 더해진다면 다른 사람에게 긍정적인 신호를 보내 호감의 메시지를 전달한다. 표정을 통해 당신이 보이고 싶은 이미지를 만들 수 있다.

지금 당장 가장 오랜 시간 머무는 장소나 가까운 곳에 거울을 준비하자. 거울이 없다면 휴대전화 카메라를 켜도 좋다. 그리고 보일 때마다 의식적으로 미소를 짓고 3초만 유지하자. 이후 가능하다면 7~10초까지 더 유지하는 노력도 해보자. 얼굴도 근육으로 이루어져 있기 때문에 힘이 생기면 자연스럽게 긍정적인 이미지가 자리 잡기 시작할 것이다.

말하지 않아도 진심이 들린다

동네를 산책하다가 갑자기 뒤통수를 맞은 적이 있다. 뒤돌아보니 초등학교 5학년 정도 되어 보이는 남자아이가 친구들과 장난치다가 던진 준비물 가방에 맞은 것이었다. 친구들과 놀면서 격앙되어 있던 그 아이는 친구들과 꺄르르 웃으면서 죄송하다고 말했다. 사과는 들었지만 아

말마중

무런 대꾸를 하고 싶지 않을 정도로 기분이 매우 상했다. 아이들의 장난에 기분이 나빴다기보다는 사과하는 태도가 필자의 마음을 더 상하게 했다. 굳은 필자의 표정을 보고 난 후에야 그 학생은 다시 다가와 정중하게 사과했다.

전 세계 어디서나 통하는 보디랭귀지는 표정이다. 제스처나 눈맞춤 등 다른 몸짓 언어는 문화권에 따라 다르게 적용되기도 하지만 표정은 동일하게 통한다. 행복, 기쁨을 나타내면 웃고, 슬플 때는 운다. 진심으로 기쁠 때 짓는 표정, 화날 때의 얼굴, 두려움을 느낄 때의 모습은 대체로 비슷하게 나타난다. 표정의 의미를 누군가 가르쳐준 적이 없지만, 자연스럽게 표정을 보고 그 감정을 해석하며 의사소통에 활용한다. 그렇다면 메시지 발신자로서의 우리는 표정을 어떻게 활용해야 할까?

앞서 소개한 뒤통수를 맞았던 에피소드로 돌아가 보자. 학생이 곧바로 사과했음에도 표정이 굳었던 이유는 무엇일까? 그 학생이 하는 말의 내용은 사과였지만 표정으로 보내는 메시지는 '재미'였다. 내용과 이미지의 불일치가 일어났다. 메시지를 받은 필자는 학생이 보내는 메시지의 의도를 '말로 보내는 내용'보다 '시각적으로 보이는 정보'에 기초하여 받아들였다. 그 뒤 필자는 어떠한 말도 하지 않았지만 학생은 필자의 굳은 표정을 보고 본인의 의도가 제대로 전달되지 않았음을 확인하고 다시 표정부터 정확한 메시지를 보낸 것이다. 아마 두 번째 사과할 때는 그 학생 역시 진심으로 미안한 마음이 들었을 것이다.

의도했건 아니건 이런 식으로 들리는 말과 보이는 모습이 일치하지 않는 경우는 드물지 않다. 진심을 숨기기 위해서 의도적으로 다른 표정을 짓는 경우나 상대방이 그 의도를 고려해 메시지를 받아들이는 게 아니면 일반적으로 청각과 시각 정보가 다를 때 우리는 보이는 것을 더 신뢰한다. 무심코 보낸 보디랭귀지가 말보다 더 크게 전달되고 확실한 정보를 제공하는 것이나. 이 섬을 기억하고 표정을 잘 챙겨야 한다.

잘못을 저지른 사람에게 화를 내야 하는 상황에서 웃음을 짓는다면 상대방은 심각성을 느끼지 못한다. 메시지에 맞는 표정을 고민하고 연출하기 위해 노력하자. 정확한 소통을 위해 연기가 조금 필요할 때도 있다.

때론 표정에 따라서 감정이 변하기도 한다. 본인의 의견을 상대에게 설득해야 하는 상황인가? 상대가 들어줄지 말지 걱정될수록 먼저 당당하고 자신감 있는 표정을 지으려 노력하라. 그럼 마음도 표정을 따라 자신감을 갖게 되고 메시지 전달도 연결될 수 있다.

웃는 게 웃는 게 아닌 당신에게

증명사진을 찍을 때 사진 속 내가 웃는 게 웃는 게 아닌 경험, 누구나 적어도 한 번은 있을 것이다. 밝게 웃었는데 왠지 무서운 표정을 하고 있거나 부자연스러운 느낌. 즐겁지 않은데 미소를 '연기'하다 보니 딱딱하

판앰미소

뒤셴미소

말마중

고 부자연스러운 표정이 연출되어 만족스럽지 않은 결과물이 나오게 된다.

필자는 앞서 좋은 이미지를 형성하기 위해 긍정적인 표정을 연습하라고 주장했다. 긍정적인 표정 중 가장 보편적이고 간단한 것이 바로 미소이다. 우리는 자연스럽게 미소의 힘을 배웠고, 호감도를 높이거나 예의를 지키기 위해 미소를 활용하고 있다.

내 기분이나 상황과 무관하게 미소를 연출해야 할 때가 있다. 예를 들어, 누군가를 처음 만날 때나 별로 반갑지 않은 사람을 만나 인사해야 할 때, 어느 정도 의무감을 가지고 미소를 짓는다.

좋은 관계를 형성하고 이미지를 구축하기 위해서는 미소가 필요하다. 불편한 사람을 일적으로 만나게 되었을 때 속마음은 아니더라도 웃으며 "안녕하세요, 반갑습니다." 인사를 건네며 소통의 물꼬를 터야 한다. "반가운 척이라도 해라."라는 핀잔을 듣지 않으려면 자연스럽게 웃는 연습, 얼굴 근육을 깨우는 운동이 꼭 필요하다.

가짜 미소 vs. 진짜 미소

미소에도 진짜와 가짜가 있다. 정말 좋고 행복한 상황에서 자연스럽게 나오는 미소가 진짜라면 상황에 따라 의도를 가지고 짓는 미소는 가짜 미소이다. 그렇다고 가짜 미소가 나쁜 것은 아니다. 사회생활과 관계 형성을 위해서 필요하다. 다만 가짜임을 들키게 될 때 문제가 생길 수도 있다. 상대에게 계속해서 '티 나는' 가짜 미소를 보내면 가식적인 사람으로 인식되어 신뢰도를 떨어뜨릴 수도 있기 때문이다.

우리가 단번에 떠올리는 미소의 가장 큰 특징은 입이다. 그런데 정작

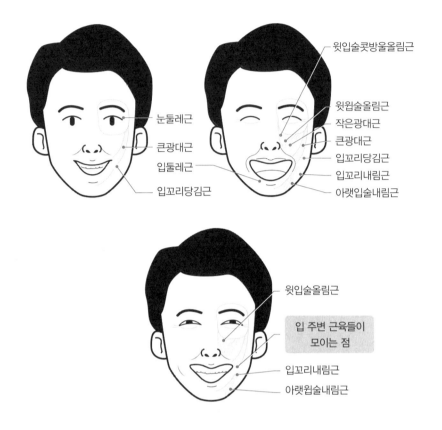

윗입술콧방울올림근

눈둘레근

큰광대근

입둘레근

입꼬리당김근

윗웝술올림근
작은광대근
큰광대근
입꼬리당김근
입꼬리내림근
아랫입술내림근

윗입술올림근

입 주변 근육들이
모이는 점

입꼬리내림근

아랫웝술내림근

진짜와 가짜의 차이는 눈에서 나온다. 우리가 진짜 반가울 때, 즐거울 때를 보면 입과 함께 눈가에도 주름이 지며 함께 움직인다. 눈웃음을 떠올리면 이해가 쉬울 것이다. 반면에 예의상 짓는 가짜 미소는 입 양쪽을 당기면서 만들어질 뿐 눈가의 움직임은 적다. 마스크 착용이 익숙한 요즘, 우리의 가짜 미소는 힘을 잃었다. 입 모양이 가려져 있으니 표정을 읽을 수 있는 곳은 눈뿐인데, 대부분 웃을 때 다른 근육을 사용하지 않다 보니 언뜻 표정이 없는 사람처럼 보이기도 한다.

최적의 미소는 아랫입술과 입꼬리가 만드는 각도가 약 13~17도 정도

올라가야 한다. 입 가장자리에서 광대뼈까지 뻗은 큰광대근과 눈 주위를 둘러싼 안륜근이 함께 움직여야 입꼬리를 귀 쪽으로 늘리는 것이 아니라 위로 끌어올릴 수 있다. 여기에 눈썹이 아치형으로 올라가고 눈이 이완되어 있으면 긍정적 감정을 보이며 표정 자체가 편안하게 느껴진다.

가짜 미소를 지을 때 근육의 움직임은 다르다. 입꼬리당김근을 사용해 입술이 옆으로 늘어날 뿐 진짜 미소처럼 입꼬리를 위로 끌어올리기엔 한계가 있다. 가짜 미소를 짓더라도 자연스럽게 보이기 위해서는 눈과 광대 근육의 도움이 필요하다. 얼굴도 근육으로 이루어져 있는 만큼 운동을 통해 미소 근육을 유연하게 만들자. 꾸준한 자극과 운동이 우리의 미소를 보다 더 매력적으로 만들어 줄 것이다.

자연스러운 표정을 위한 Tip

우리의 근육은 사용할수록 강해지고 쓰지 않으면 퇴화한다. 그리고 근육은 나의 의지대로 움직일 수도 있다. 자연스러운 표정 근육을 만드는 연습은 지금부터 시작해도 늦지 않다.

할 수 있는 가장 큰 입 모양으로 '아-에-이-오-우-어-에'를 천천히 세 번 한다. 굳이 소리까지 낼 필요는 없다. 얼굴이 구겨지는 느낌이 들 때까지 입을 크게 벌리며 근육을 자극하는 것이 포인트! 자주 하기 어렵다면 양치질할 때를 활용하자.

- 아침저녁으로 세안할 때 눈썹과 광대, 뺨, 턱 근육 쪽을 부드럽게 마사지해 준다. 마사지할 때 얼굴 중심에서 바깥쪽으로 반원을 그리듯 움직이면 좋다. 얼굴의 부기를 제거하기에도 좋다.

- 있는 힘껏 눈썹을 들어 올려라. 눈썹을 들어 올린 상태로 눈꺼풀만 살짝 닫고 5초 유지한다. 다시 눈을 끝까지 떴다가 감고 5초 유지. 3~5번 정도 반복한다. 눈 수변 근육에 자극이 온다면 맞게 한 것이다.
- 입을 닫고 한쪽 볼을 빵빵하게 만들어 3초 유지했다가 다른 볼로 공기를 옮겨서 3초 유지하기를 5번 정도 반복한다. 마지막은 손으로 입술을 막고 양쪽 볼을 빵빵하게 부풀렸다가 뺨을 가능한 많이 빨아들여 홀쭉하게 만들어 3초간 유지한다.
- 오늘부터 틈나는 대로 셀카를 찍어라. 적어도 하루에 10장은 찍자. 셀카를 찍으면서 자연스럽게 표정을 연습하게 된다. 그리고 가장 좋은 표정을 찾고 자연스럽게 그 표정을 짓는 방법을 연구하자. 좋아하는 것을 떠올리는 것도 좋고, 얼굴의 움직임을 느끼면 더 좋다. 후면 카메라로 찍어도 동일한 표정이 자연스럽게 나올 때까지 반복해서 촬영하라.

오늘, 지금부터 시작이다.

말마중

눈에 길이 있다

눈빛만 봐도 그 사람을 알 수 있다. 우리의 눈 근육과 조직은 다른 얼굴 근육보다 스트레스 요인에 훨씬 빠르게 반응한다고 한다. 눈은 정신적인 상태에 대한 정보를 상대방에게 바로 제공한다. 눈을 보니 사람이 선해 보인다거나 누구를 좋아하는지 티가 난다는 어른들의 말이 예전에는 이해가 가지 않았지만, 이제는 알겠다.

사람의 상태에 따라 동공이 팽창하고 수축하기도 한다. 동공의 움직임은 우리가 의식적으로 통제할 수 없어서 가장 솔직하다. 그 사람의 눈에는 감정이 담겨 있고, 진심이 보인다. 또한 자주 짓는 표정으로 굳어진 근육이 그 사람의 상태나 성향을 드러내기도 한다. 동공을 제어할 수는 없지만, 눈빛은 바꿀 수 있다. 눈길로 마음을 표현할 수 있다. 우리가 눈빛을 빛내야 하는 이유, 눈을 제어해야 하는 까닭은 눈으로 우리가 하는 말이 진심인지 아닌지, 관심이 있는지 없는지, 어떤 마음을 가지고 있는지 보여주기 때문이다.

어디를 보고 말하세요?

얼마 전 병원에 갈 일이 있었다. 주치의를 만나 증상에 대해 설명히는데 모니터를 보고 타이핑하느라 바빠 보였다. 질문할 때도 검사 결과를 설명할 때도 화면만 보니 환자의 증상에 별 관심이 없는 것처럼 느껴졌다. 수술하기로 했지만, 최종적으로 다른 병원으로 옮겼다. 의사와의 신뢰 관계가 충분히 형성되지 않았기 때문이다.

주치의는 자신의 일을 열심히 했다. 환자가 하는 말을 놓치지 않기 위해 타이핑했고, 아픈 곳을 확인하기 위해 검사 내용을 꼼꼼히 살폈다. 그러나 소통하는 대상은 일이 아니라 사람이다. 그 소통의 과정을 놓쳤다. 누군가를 설득해야 할 때 상대와 눈을 제대로 맞추며 이야기해야 설득이 쉬워지고 대화가 지속된다. 그렇게 신뢰가 쌓이는 것이다. 대화의 상대와 나를 연결하는 것이 눈이고, 그 시선이 대화의 성패를 결정한다.

대화할 때 상대의 눈을 바라보는 걸 어려워하는 사람들이 많다. 실제로 시선을 어디 둬야 할지 모르겠다는 고민을 토로하는 사람을 많이 만나기도 했다. 방황하는 눈의 움직임 때문에 시선을 피한다거나 자신감 없는 사람으로 오해를 받기도 한다. 그냥 아이 콘택트가 낯설 뿐인데 메시지 전달에 오류가 생기는 것이다. 눈맞춤이 꼭 상대의 동공을 바라봐야 하는 것은 아니다. 그의 눈언저리, 예를 들면 눈썹이나 광대를 보며 대화하는 것으로도 충분히 아이 콘택트하는 느낌을 줄 수 있다.

필자의 경우 시선을 위로 향하게 하는 눈썹보다는 눈 아래쪽인 광대를 볼 때 좀 더 눈을 바라보는 느낌이 든다. 조금의 팁을 더하자면 눈동자만 움직이기보다는 눈이 움직이는 방향으로 고개도 살짝 올리거나 내리면 눈이 작아지거나 흰자위가 많이 보이는 것을 보완할 수 있다.

오해를 부르는 눈맞춤 vs. 이해를 부르는 눈맞춤

눈맞춤을 하는 데 오해가 생기기도 한다. 상대를 보는 시선이 바라보느냐 쳐다보느냐에 따라 받아들이는 느낌이 다르기 때문이다. 두 시선은 비슷한 듯 전혀 다르다. 바라보는 시선은 상대를 편하게 생각한다는 신호를 보내면서 호감을 끌어올리는 행동이다. 눈맞춤은 기본적으로 이러한 '바라보는 시선'을 말한다. 상대를 향한 관심을 드러내는 눈길로 우호적이고 친밀한 소통으로 이어질 수 있다.

반면, 10초 이상 빤히 쳐다보면 상대방은 초조하거나 불쾌감을 느낄 수 있다. 상대를 계속해서 뚫어지게 쳐다보는 시선은 보통 부정적인 신호로 해석된다. 너무 오랜 시간 눈을 뚫어져라 쳐다보면 오히려 상대가 부담을 느끼고 피하거나 공격적으로 느끼게 된다. 빤히 보는 것은 상대를 향한 지배 욕구와 우월감을 드러낸다. 빤히 쳐다보다가 자칫 공격적인 상황을 촉발할 수도 있으니 상대를 눈빛으로 누르거나 의도적으로 불편하게 만들고 싶은 것이 아니라면 지양하는 편이 좋다.

눈을 맞추는 시간은 대체로 3.2초 정도가 무난하다고 한다. 충분히 상

대를 향한 시선을 남기고 잠시 시선을 옮겼다가 다시 말을 하며 바라보면 좋다. 생각보다 3초가 길게 느껴질 것이다. 시선을 옮길 때는 고개까지 사용해서 크게 움직일 것이 아니라 바라보는 위치만 살짝 옮기는 것이 좋다. 한쪽 눈을 보다가 반대쪽 눈으로 옮겨가면서 눈길은 상대방에게 두되 시선의 움직임을 주면 상대도 나도 편안한 눈맞춤이 가능해진다. 여기에 상대를 향한 눈빛에 호감이나 애정의 감정까지 더해진다면 좋은 관계를 형성하는 데 도움이 될 것이다.

시선의 위치가 주는 효과

눈맞춤도 상황에 따라 연출이 필요하다. 상대방의 얼굴 어디에 시선이 머무느냐에 따라 같은 말이라도 메시지가 다르게 전달된다. 시선 영역은 세 가지로 나눌 수 있는데 사교 시선, 친밀한 시선, 업무 시선이다.

사교 시선은 얼굴의 중앙, 즉 양 눈과 입 사이를 연결했을 때 생긴 역삼각형 부위에 시선이 위치하는 것으로, 우리가 일반적으로 가장 많이 사용하는 시선이다. 사교 시선을 활용하면 부드럽고 친절한 이미지를 연출할 수 있다. 사교 시선에서 아래쪽으로 확장된 모양이 친밀한 시선

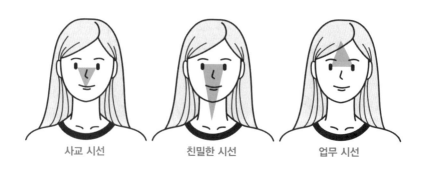

사교 시선   친밀한 시선   업무 시선

말마중

이다. 주로 친밀한 사이나 이성 간에 사용하는 시선의 위치로, 멀리서 상대가 다가올 때 얼굴부터 아래로 재빨리 훑는 것이 이런 친밀한 시선이다. 상황에 따라 상대에게 불편함을 줄 수도 있으니 주의하자.

마지막으로 업무 시선이다. 사교 시선과는 다르게 양 눈과 이마 중앙을 연결해 생긴 삼각형 영역에 시선을 두는 것을 말한다. 시선의 높이가 약간 위쪽으로 향하는 것이다. 업무 시선을 잘 활용하면 눈빛만으로 카리스마를 연출할 수 있다. 눈빛이 강렬한 느낌을 주기 때문에 너무 습관적으로 사용하면 다가가기 어려운 느낌을 줄 수 있다. 사교 시선을 사용하다가 스피치 중 강조하고 싶은 내용이 있거나 강한 인상을 주어야 할 때 업무 시선으로 위치를 옮기면 메시지와 이미지 전달에 효과적이다.

대화 상대가 여러 명일 경우에는 시선의 사각지대가 발생하지 않도록 시선을 고루 나누며 말하는 것도 중요하다. 프레젠테이션과 같이 청중 앞에서 스피치할 때도 시선을 주고받아야 메시지가 잘 전달된다. 한 곳만 보며 발표하다 보면 시선에서 소외되는 그룹이 생기고, 청중은 관심 대상이 아니라는 느낌이 들면 스피치에 대한 집중을 거두어 버릴 수

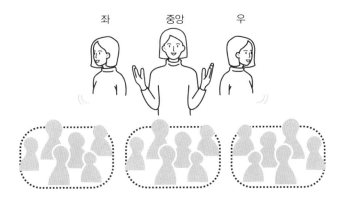

있다. 다수의 청중과 함께할 때면 청중을 3~5그룹으로 나누어 골고루 바라봐야 한다.

필자는, 청중의 수나 공간의 크기에 따라 다르지만 보통 정가운데 그룹을 시작으로 오른쪽→왼쪽→뒤→가운데(앞)로 시선을 움직이며 청중과 눈을 맞춘다. 시선을 이동할 때 주의할 점은 눈만 움직이지 않도록 하는 것이다. 고개와 함께 시선을 옮겨야 안정감 있는 눈맞춤을 할 수 있다. 공간이 넓다면 어깨도 시선이 향하는 곳으로 열린다면 적극적인 아이 콘택트로 청자의 호감을 끌어올릴 수 있다.

눈길 단속이 필요한 이유

부모님은 아이의 눈을 보고 거짓말을 가려낸다. 면접관 역시 면접자의 눈빛으로 답변의 진위를 파악한다. 사랑에 빠진 연인, 애정이 식은 연인도 눈을 보면 알 수 있다. 어떻게 가능한 것일까?

우리는 눈으로 다양한 메시지를 보낸다. 기쁨, 반가움, 불안, 두려움 같은 감정은 물론 관심이 어디로 향하고 있는지도 말해준다. 눈은 다양한 방법으로 감정과 생각을 상대에게 제공한다. 괜히 눈을 마음의 창으로 비유하는 것이 아니다.

"거긴 먹을 곳이 워낙 많아서… 뭐해? 내 이야기 듣고 있어?"
"어어, 다 듣고 있어. 그래도 맛집 몇 군데는 찾아놓자."
"그게 중요한 게 아니라… 됐다, 나중에 얘기하자."

우연히 카페에서 옆자리에 앉은 커플의 이야기를 듣게 되었다. 남자친구는 휴가 계획에 대한 의견을 계속해서 제시하고 있었고, 여자친구는 휴대전화로 SNS를 보면서 적당히 남자친구의 말에 맞장구를 치고 있었다. 대화의 흐름으로만 봤을 때는 전혀 미스커뮤니케이션 없이 소통이 잘 되는 것처럼 들렸지만, 남자친구는 소통이 되지 않는다고 느꼈던 것 같다.

계속해서 말할 때 아이 콘택트를 중요하게 강조했다. 이렇게 중요한 눈맞춤을 방해하는 강력한 유혹이 있다. 스마트폰이다. SNS나 메신저로 비대면이 더 활발하게 이루어지다 보니 대면 상황에서도 영향을 주는 경우가 많다. 친구와 대화도 하고 동시에 SNS도 가능한 것 같지만, 이런 멀티태스킹 상황에서 나눈 대화는 실패한 것이나 다름없다. 메시지의 수신자와 발신자의 눈길이 단절되었고, 그것은 상대에게 소통의 단절을 느끼게 하기 때문이다. 눈길의 단절은 소통의 단절을 느끼게 만든다.

대면 상황에서 자꾸만 시계를 보는 행동 역시 다른 사람에게도 시간에 쫓기는 느낌을 주어 커뮤니케이션에 영향을 미친다. 그래서 필자의 경우 사람을 만날 때 가급적 휴대전화를 가방에 넣어 두거나 테이블 위에 엎어 둔다. 그리고 다음 일정이 있는 경우 자꾸 시계를 보기보다 상대에게 미리 양해를 구하고 알람을 맞춰 조절한다. 눈길을 빼앗을 방해물을 치우는 것이다. 이렇게 하면 시선이 방황할 여지가 줄어 상대에게 관심을 표현하고, 메시지 전달에 더 집중할 수 있다.

프레젠테이션할 때도 눈길이 화면이 아닌 듣는 이를 향해야 한다. 프레젠테이션 역시 청자와 메시지가 있는 커뮤니케이션이다. 화면만 보고 읽는 발표자는 자신감이 없어 보이고, 설득력과 정보 전달력이 떨어진다. 바라보지 않으면 뜻이 제대로 전달되지 않는다. 말은 화면이 아니라 사람에게 하기 위해 준비하라. 청자가 메시지에 집중하도록 하려면 사람을 바라보며 말하는 것이 가장 효과적이다. 학창시절을 떠올려보면, 선생님이 나를 보며 수업하신다는 느낌이 들 땐 아무래도 딴짓을 하기 어렵다. 이야기에 집중하도록 눈으로 말하는 것이다. 그리고 청자가 화면을 봐야 할 필요가 있을 때 눈길을 화면으로 돌리며 움직임을 유도하면 강조 효과도 얻을 수 있다. 화면만 보는 소극적인 발표자가 아니라 눈으로 소통하며 제대로 설득하는 커뮤니케이터가 되려면 시선 처리가 중요하다. 청자의 눈길과 마음까지 사로잡는 스피커가 되길 바란다.

온택트 시대의 아이 콘택트 Tip

코로나19로 생긴 변화 중 하나는 온라인을 통해 대면하는 상황이 늘었다는 점이다.

회의나 학교 수업뿐만 아니라 면접, 송년회까지도 줌(zoom)과 같은 비디오 통신 시스템을 활용해 진행한다. 화상 강의를 진행해 보면 대부분 시선을 어찌 해야 할지 모르거나 쑥스러워한다. 그런 어색함이 소통을 방해하는 요소가 될 수 있다.

카메라를 눈높이와 맞추자

방송으로 나갈 영상을 촬영하는 것은 아니지만, 화면의 구도가 불안정하면 몰입을 방해할 수 있다. 카메라가 너무 높이 있어서 얼굴만 딱 잘려 보이게 하거나 밑에서 위로 찍지 않도록 주의하자. 카메라를 상대방의 눈이라고 생각하고 위치를 조절하자. 화면을 4등분했을 때 얼굴이 중앙보다 살짝 위에 있도록 하고 어깨까지 나오도록 자세를 잡는 것이 좋다.

• 노트북 활용 시 노트북은 대부분 화면 위쪽에 카메라가 있다. 카메라에 모습이 잘 잡히기 위해서는 두꺼운 책 등을 받쳐서 노트북의 위치를 조금 높게 하라. 바르게 앉아 고개를 정면으로 했을 때 화면의 중간 위쪽이 보이면 좋다. 카메라가 아래에서 위로 찍으면 얼굴이 넓어 보여 화면발을 기대하기 어렵다.

• 웹캠 활용 시 보통 웹캠을 사용할 때면 모니터 위쪽에 단다. 그럼 눈을 치켜뜨게 되거나 상대에게 얼굴보다 이마나 정수리를 더 많이 보여주게 된다. 삼각대 등을 활용하기 어려운 상황이라면 모니터를 낮추어 눈높이를 조정하거나 고개를 들거나 거리 조정으로 카메라와 아이 콘택트하는 방법이 있다.

화면을 정리하라

우리의 시선은 관심 있는 곳으로 향하게 되어 있다. 비대면으로 진행되는 소통이다 보니 집중도가 쉽게 떨어지기 쉽다. 내가 보고 있는 화면을 상대는 모른다고 생각하지만 아무리 조심하더라도 생각보다 딴짓은 화면 속에서 티가 잘 난다. 당신의 표정과 행동은 카메라를 통해 모두에게 전달되고 있다. 시선을 움직이고 관심을 빼앗길 만한 유혹의 창을 모두 닫고 밝은 미소로 화면을 응시하라. 온라인 회의 창은 카메라에 가깝게 위치할수록 눈을 맞추는 효과를 볼 수 있다.

성공을 부르는 몸 사용법

"Manners Maketh Man(예의가 사람을 만든다)."

2015년에 개봉했던 영화 《킹스맨》에서 콜린 퍼스의 명대사로 유명한 표현이다. 이 대사를 들었을 때 격하게 공감하며 고개를 끄덕였다. 그리고 강의할 때 이 대사를 활용하여 자세의 중요성을 강조하곤 한다.

"Manner Makes Man. 여러분, 태도가 사람을 만듭니다."

자신감과 거만함은 닮은 듯 다르다. 그 한 끗 차이를 만드는 것이 우리의 자세이다.

말에 멋 더하기

우리는 말할 때 말의 내용과 단어 선택에는 고심하면서 효과적으로 전달할 방법에는 관심을 덜 기울인다. 말은 흐른다. 책을 읽으면서 저자가 강조하는 중요한 내용은 밑줄을 치거나 체크할 수 있지만, 들리는 말은 캡처해 보관하기 어렵다. 기껏 열심히 준비한 스피치가 듣는 사람에게 기억되지 않고 잊힌다면, 중요한 메시지가 전달되지 않는다면 너무 아쉽지 않은가?

청자의 귀로 들어가서 기억에 남으려면 적절한 임팩트가 필요하다. 임팩트를 주기 위해서는 설득력을 높이고 신뢰감을 주는 소통 기술, 바로 제스처를 활용하는 것이 좋다. 말하면서 사용하는 몸짓은 화자와 청자 모두에게 영향을 미친다. 말할 때 손을 사용하면 단어들을 기억해 낼 때 도움이 되고, 청자의 기억에도 영향을 준다.

'제스처' 하면 가장 먼저 떠올리는 것이 아마도 손을 사용한 몸짓일 것이다. '엄지척'으로 상대방을 칭찬하거나 격려하기도 하고, 다양한 하트 모양의 제스처로 사랑의 마음을 표현하기도 한다. 또한 계산적으로 연출하지 않더라도 인사나 지시 등 일상적인 메시지를 전달할 때도 자연스럽게 손을 사용한다. 아주 작은 손짓으로도 말을 대신해 소통할 수 있다니 얼마나 효율적인 소통 방법인가?

그런데 중요한 순간에 이 손이 방황하는 것이 문제다. 뻣뻣하게 고정되어 있거나 지나치게 자유분방하면 메시지 전달에 방해가 된다. 전자의 경우 자신감이 없고 소극적으로 보여 메시지의 신뢰도를 떨어뜨릴 수 있고, 후자는 시선을 분산시켜 집중시키기 어렵다.

집중을 더하는 손 제스처 활용법

말에 올바른 손짓을 더하면 집중력을 높여 효과적으로 메시지를 강조할 수 있다. 시카고대학교의 심리학자 수전 골딘 매도우(Susan Goldin-Meadow)는 손동작이 그것을 보는 사람의 비언어적 부분을 담당하는 뇌 영역을 자극하기 때문에 손을 활용해 말하면 상대방을 이해시키는 데 훨씬 도움이 된다고 말한다. 우리가 쉽게 활용할 수 있는 제스처는 손가락을 이용해 숫자를 나타내거나 손을 활용해 크기를 표현하는 것처럼 메시지를 시각적으로 표현하여 내용을 강조하는 방법이다. 이와 같은 손짓은 PPT 화면처럼 보조 자료 역할을 해서 시각적으로 말의 내용을 표현함과 동시에 이어지는 내용을 강조하는 효과를 볼 수 있다. 발표처럼 공적 스피치를 해야 할 때도 상대방이 메시지를 잘 이해할 수 있도록 자유롭게 활용하면 매력적인 스피커가 될 수 있다.

묘사하기 어려운 내용은 어떻게 강조할 수 있을까?

손짓으로 사람들의 시선을 집중시키는 방법이 있다. 예를 들면 주먹을 쥔 채 검지를 세우는 동작이다. 듣는 이가 집중해야 하는 순간 검지를 세우면 시선을 집중시키며 내용을 강조할 수 있다. 이때 주의할 점은 손가락이 하늘을 향해야지 삿대질하듯 사람을 향하면 안 된다. 또 배 앞쪽 허리선 부분에서 양손을 펼쳐 어깨너비로 마주 보게 하는 동작 또한 내용 강조의 효과가 있다. 주로 강연이나 프레젠테이션처럼 대중이 있는

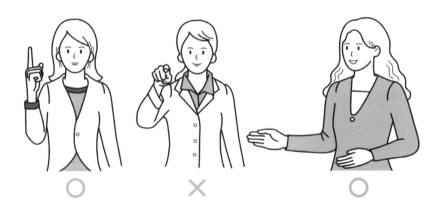

말마중

스피치에서 많이 활용하는 제스처로, 흔히 중요한 순간이나 청자의 주의를 끌어야 할 때 유용하게 사용할 수 있다.

매력을 더하는 제스처 활용법

제스처를 활용하면 메시지 전달에 효과적일 뿐 아니라 스피커를 전문적이고 매력적인 사람으로 연출할 수 있다. 이것은 의도된 제스처를 사용했을 때 한한다.

제스처는 크기나 횟수, 속도, 위치에 따라 독이 될 수도 있다. 그런 실수를 하지 않으려면 우선, 동작의 범위를 한정해야 청자의 시선이 집중된다. 제스처의 가동 범위는 위아래로는 배꼽부터 눈높이 정도, 옆으로는 어깨너비 정도로 팔꿈치를 살짝 구부리고 움직일 수 있을 정도의 범위가 좋다. 앉은 자세라면 손이 테이블 위로 올라오도록 하고, 가슴 정도의 위치에서 보여주는 것이 가장 깔끔하다.

어떤 상황과 자세든 제스처를 활용할 때는 동작을 상대가 놓치지 않도록 주의가 필요하다. 제스처를 쓸 거면 상대에게 보여야 한다. 그러려

면 동작이 명확하게 인식되도록 멈춰라. 자신감 있고 확실하게 보이는 제스처가 말의 멋을 더한다.

마지막으로 제스처의 빈도이다. 시험공부할 때 책의 모든 부분을 강조해 놓으면 정작 중요한 부분이 눈에 들어오지 않는다. 제스처가 그러하다. 손짓이 너무 많으면 정작 강조할 부분이 강조되지 못하는 경우가 있다. 잔 끄덕임과 반복되는 동작은 제스처의 힘을 감소시킨다. 상황에 따라 제스처를 절제하고 변화를 주면 의도한 대로 메시지를 전달할 수 있다.

만약 아직 손을 사용하는 것이 어렵고 어색하다면 가장 쉬운 방법은 하나다. 잡아라! 테이블 위로 올린 손을 어쩔 줄 몰라 꼼지락거려 초조함을 드러내기보다 양손을 테이블 위에 올려 확실하게 맞잡아라. 열린 어깨로 맞잡은 손 하나만으로도 자신감을 표현해 신뢰감을 줄 수 있다. 손이 테이블 아래로 향하게 된다면 어깨가 처지고 말리면서 닫힌 자세가 된다. 강연이나 프레젠테이션할 때도 잡기 기술은 통한다. A4용지 반을 접어서 대각선 모서리 끝을 잡아 손을 고정하거나 포인터를 한 손으로 잡고 다른 손바닥 위에 올려 살짝 감싸듯 쥐면 당당한 자세와 전문적인 모습을 연출할 수 있다.

당신의 자세가 하는 말

같은 내용을 말해도 사람에 따라 다른 결과가 나오는 경우가 많다. 왜일까? 정답은 말하는 사람의 자세에 있다. 지금 우리의 자세와 태도가 원하는 결과까지 도달할 수 있는 열쇠가 된다면 어떤 태도를 취하겠는가? 아마 당장 좋은 자세, 바른 태도를 유지하려고 노력할 것이다. 서 있는 자세, 앉은 태도, 팔과 다리 모양까지도.

자세 하나로 상대를 무시하는 느낌을 줄 수도 있고, 관심을 기울인다는 신호를 보낼 수도 있다. 어떤 자세냐에 따라 메시지가 다르게 읽힌다. 표정만큼 우리의 이미지를 결정하는 데 많은 영향을 주는 것이 자세다. 예를 들어 어깨를 움츠리는 사람을 보면 "자신감을 가져."라는 이야기로 격려하게 된다. 스마트폰이나 컴퓨터 사용으로 굽은 자세가 습관이 되었을 뿐인데도 움츠린 자세는 자신감 없는 사람으로 보이게 해 그 사람이 하는 말에 힘을 실어주지 못한다.

반면에 가슴을 펴고 앞으로 내미는 자세를 취하면 당당하고 자신 있어 보인다. 자세에서부터 자신감이 표현되면 그가 전달하는 메시지도 당당하게 들린다. 이렇게 어떤 자세로 소통하느냐에 따라 청자는 메시지를 다르게 받아들인다. 당당한 자세로 자신 있게 말해야 통한다.

여기서 주의할 것은 당당함과 거만함은 한 끗 차이라는 것이다. 의자에 습관적으로 눕듯이 앉아 등받이에 한쪽 팔을 터억 걸치며 대화하는 것이 습관이라면 자세를 고쳐 바르게 앉아라. 그런 태도는 우월감을 표

현하고 상대방에게 반감을 주어 될 일도 그르치기 딱 좋다.

팔짱 끼기와 다리 꼬기의 오해와 진실

자세는 자신도 모르는 사이에 어떤 상태인지, 성향이 어떠한지를 나타낸다.

아주 사소한 자세지만 소통에 결정적인 영향을 주는 몸짓이 있다. 바로 팔짱 끼기이다. 팔짱을 낀다는 것은 불편하거나 불안한 상황에서 스스로를 보호하는 자연스러운 몸짓이다. 보통 '닫힌 자세' 중 하나로 일컬어진다.

긴장된 상황에서 자신을 보호하고 진정시켜야 하기 때문에 무의식적으로 취하는 동작이다. 하지만 팔짱을 낀 채 말하다 보면 상대에게 폐쇄적이고 반감을 전하는 이미지를 주게 된다. 방어 신호처럼 읽히기 때문이다.

팔짱을 끼는 것과 마찬가지로 방어 자세로 읽히는 몸짓이 있다. 서서 다리를 꼬는 것이다. 여기에 팔짱까지 끼고 있으면 완벽한 방어 태세이다. 이런 자세를 지속하면 상대는 자신감이 부족하거나 불편하다는 신호로 받아들이고 덩달아 마음을 닫는다. 부정적인 이미지를 주면 전달하는 메시지 또한 부정적으로 전달된다. 우호적인 관계를 형성하고 대화를 이어가고 싶다면 몸을 오픈해야 한다. 내가 먼저 열려 있어야 상대의 마음을 열 수 있다. 긍정적이고 호감을 주는 이미지를 가진 사람이 주는 메시지는 호감으로 다가온다.

여유가 있고 자신감이 느껴지는 사람의 말에는 몰입하게 된다. 상대방을 향해 열려 있는 자세, 자신감이 느껴지는 태도가 그 사람에게 집중하도록 돕기 때문이다. 변화는 자세로부터 시작된다. 마음가짐이 행동으로 나타나기도 하지만, 태도가 마음을 변화시키기도 한다. 신뢰를 주는 사람은 어떤 자세와 태도를 취하는지 관찰하고 따라 해보라.

핵심은 더하기가 아니라 빼기

보디랭귀지의 핵심은 사실 멋지게 보이는 몸짓 언어를 더하는 데에 있지 않다. 기본적으로 몸짓의 군더더기를 빼는 것이 포인트다. 메시지의 전달을 방해하는 요소, 신뢰감을 떨어뜨리는 사소한 습관을 제어할 때 효과적인 말하기가 가능하다. 호감을 사는 사람들의 몸짓을 보면 훌륭한 제스처가 많다기보다 불편하고 부정적인 이미지를 일으킬 만한 요소가 적다. 그것은 타고난 것이 아니라 노력으로 완성된다. 의도하지 않게 부정적인 이미지를 형성하는 습관은 없는지 자신을 돌아봐야 한다. 사소하게 여긴 잘못된 습관이 중요한 자리, 중요한 순간에 나도 모르게 튀어나올 수 있다.

필자와 가장 가까운 사람은 입꼬리가 아래로 떨어지는 입 모양을 할 때가 많다. 그런 입술 모양은 불만이나 자신감이 결여된 시무룩한 이미지를 준다. 전혀 그런 상태가 아닌데도 말이다. 습관적으로 하는 입술 깨물기나 입술 뜯기, 잔뜩 오므린 입술 등은 긴장이나 불안, 초조를 나타내어 말하는 사람의 전문성을 감소시킨다. 손을 꼼지락거리거나 다리를 떠는 행동도 그렇다. 실제 상태와 상관없는 사소한 습관과 행동이 상대에게는 불안함이나 자신감이 결여된 것으로 보일 수 있다.

무의식중에 튀어나오는 습관과 연출한 몸짓이 충돌한다면 무엇이 더 힘이 셀까? 빈도가 잦은 습관 쪽이 아닐까?

습관을 확인할 방법은 다양하다. 동영상 촬영은 객관적으로 나의 모습을 파악하기 가장 좋은 방법이다. 브이로그(Vlog)를 촬영하듯 대화하는 모습을 담아보라. 처음에는 카메라를 의식하게 될 것이다. 하지만 대화에 몰입하고 긴장이 풀리면 본인의 습관이 불현듯 나오게 된다. 영상을 통해 통제되지 않은 습관을 파악할 수 있다.

또 다른 방법은 주변 사람들에게 물어보는 것이다. 느닷없이 나오는 습관이 무엇이냐고 물으면 상대방도 당황할 수 있다. 대화하다가 상대가 의도와 다르게 메시지를 받아들였다면 왜 그렇게 느꼈는지를 물어보는 것도 방법이다. 그냥 "왜 그렇게 느꼈어?"라고 꼬치꼬치 캐물으면 자칫 다툼이 될 수도 있으니 "혹시 내가 인상 찌푸렸어?"와 같이 명확하게 물어보는 것이 좋다.

우리의 모든 행동을 다 통제할 수는 없다. 반사적으로 보호하기 위해서 나오는 행동이나 감정까지 감추고 버릴 필요는 없다. 생활습관으로 굳어진 몸짓이나 표정 등은 시간을 들이면 노력을 통해 충분히 고쳐나갈 수 있다.

말이 통하게 하는 몸단장 Tip

소통함에 있어 중요한 요소인 이미지, 표정, 태도, 몸짓이 그 사람의 인상과 이미지를 결정하는 데 영향을 미친다. 여기에 절대 놓치면 안 되는 것이 또 있다. 바로 머리부터 발끝까지 어떻게 단장하느냐이다. 상황이나 환경마다 옷차림은 다를 수 있지만, 어느 상황에서나 통하는 기본적인 센스를 챙기면 패션 리더까지는 아니더라도 말이 통한다는 이미지 연출은 가능하다.

말마중

손을 다듬어라

손에는 많은 정보가 들어 있다. 손을 통해 그 사람의 직업이나 건강 상태를 파악할 수도 있다. 대인관계에서 손이 얼마나 잘 정리되어 있는 지에 따라 상대방은 그 사람에 대한 결론을 내린다. 손톱의 길이가 적당 하고 깨끗한 손은 자기관리를 잘한다는 깔끔한 인상을 줄 수 있다. 혹시 손톱을 물어뜯거나 손이 지저분한 상태라면 지금 당장 손질하라.

좋은 옷이 전부는 아니다

옷은 입은 사람을 돋보이게 하기도 하고 메시지를 전달하기도 한다. 비싸다고 다 좋은 옷은 아니며 유행을 따른다고 해서 센스가 있는 것도 아니다. 지나치게 화려한 패션은 신뢰를 주기 어렵다. 좋은 옷이라고 하 더라도 나에게 맞지 않으면 단정해 보이지 않는다. 어떤 옷이든 나에게 잘 어울리고 몸에 맞는 옷을 입는 것이 중요하다. 옷의 상태는 구겨지지 않고 청결한 상태를 유지해야 한다. 우연히 묻은 김칫국물 자국에 시선 을 빼앗기지 않도록!

어깨를 넓히면 당당하게 보인다

자신감 있는 자세를 연출하면 어깨를 열어야 한다. 어깨를 넓히는 행 동으로 어느 정도 당당함을 표현할 수 있다. 이는 옷에도 적용된다. 어깨 부위를 조금 더 넓히는 것으로 확대된 상체를 내보여 당당한 주체성을 나타낼 수 있다. 자켓을 착용하거나 어깨 패드를 활용하여 이미지 연출 이 가능하다. 단, 파워숄더처럼 너무 강한 어깨로 존재감을 키우는 것은 지양하자.

신발이 들려주는 이야기

신발은 우리 몸 중 가장 낮은 곳에 있다. 그래서 신발이 이미지에 영향을 줄 수 있다는 것을 놓칠 때가 많다. 깔끔한 옷을 입었어도 그 사람의 신발이 더럽다면 오점을 남기는 것이다. 신발의 굽으로도 자신을 관리하는 사람인지 아닌지의 메시지를 전달한다. 사소한 것도 놓치지 않고 챙겨야 진짜 이미지 메이킹이다.

건강한 관계를 위한 똑똑한 거리 두기 방법

코로나19로 인해 많은 변화가 찾아왔다. '사회적 거리두기'와 함께 마스크 착용 후 2m 간격 유지를 강조하는 방역 수칙 언론 보도는 이제 지겨울 지경이다. 여기에 항상 덧붙이는 말이 있다.

"거리는 멀어져도 마음까지 멀어져서는 안 됩니다."

물리적 거리 두기는 어쩔 수 없다 해도 정서적으로 거리를 두지 말라는 말이 가슴을 울린다.

사람과 사람 사이, 그 관계가 좋으면 우리는 이렇게 말한다.

"사이가 좋구나!"

'사이'는 '한 곳에서 다른 곳까지, 또는 한 물체에서 다른 물체까지의 거리나 공간'이라는 사전적 의미를 갖고 있다. 지금부터는 좋은 사이를 만드는 데 도움이 되는 거리 두기에 대해 알아보자.

적당한 거리가 필요한 이유

승객이 없어서 한적한 지하철, 한 사람이 넓은 자리를 두고 굳이 내 바로 옆에 앉았다. 특별히 해를 가하는 행동을 하지 않았는데도 묘하게 불편함을 느끼며 다른 넓은 자리로 옮기고 싶어진다. 왜 그럴까? 사람은 누구나 그의 공간이 필요하다. 특히 몸 주변을 기준으로 자신의 영역을 설정한다. 말과 공간이 어떤 관련이 있나 싶겠지만, 상대방이 불편함을 느끼지 않을 정도의 거리를 유지해야 통하기 때문에 거리 조절을 잘해야 한다.

불편함을 느끼지 않을 거리 = 메시지가 통하는 거리

"혹시 나한테서 안 좋은 냄새가 나?"

일로 만나 친해진 친구가 진지한 표정으로 필자에게 고민 상담을 요청해 왔다. 기획 회의 때 만난 관계자가 본인이 말할 때마다 묘하게 뒤로

말마술

물러서는 느낌을 받았다는 것이다. 처음이면 그러려니 할 텐데 한두 번도 아니어서 다른 사람들도 왠지 거리를 두는 느낌이 든다고 했다. 그는 워낙 친화력도 좋고 처음 보는 사람에게도 허물없이 다가가는 타입이어서 거리를 확 좁히는 경향이 있었다. 그와 성향이 비슷한 사람이나 친목 모임에서는 상관없지만, 공적인 자리에서는 그의 친밀감이 도움이 되지 않았던 것이다.

"넌 충분히 향기로워. 너에겐 탈취제가 아니라 거리 두기가 필요해."

필자 또한 첫 만남 때 조금 부담스러웠던 기억이 떠올라 '거리 두기'를 제안했다. 내적 친밀감이 형성되었다고 해서 갑자기 거리를 좁히고 들어온다면, 배려가 없거나 무례한 사람 혹은 눈치 없는 사람 취급받을지도 모르니 서서히 다가가라고 조언했다. 적당한 거리를 확보하니 그 역시 회의에서 정제되고 깔끔한 '사회적 이미지'가 형성되었다.

미국의 인류학자 에드워드 홀(Edward Hall)은 모든 동물은 사적인 공간이 필요하다고 말했다. 누군가 우리와 너무 가까운 거리에 있으면 불편함을 느끼는 것도 이런 사적 공간 때문이다. 불편함을 느끼면 방어적인 태도를 취하게 되고 메시지를 받아들이기 어려워진다. 그래서 상대의 공간을 침범하지 않도록 하는 것이 중요하다. 에드워드 홀은 공간이 대인 관계에 미치는 영향에 대해 연구하면서 타인과의 네 가지 거리에 대해 소개했다. 공적 공간, 사회적 공간, 개인적 공간, 친밀한 공간이다.

공적 공간은 타인과 3.6m에서 9m 정도 떨어진 거리를 말한다. 강연자와 청중의 거리 정도로 상대방을 볼 수 있지만 신체 접촉은 할 수 없는 거리이다. 공적 공간에서는 제스처 활용과 같은 비언어 커뮤니케이션이 소통에 필수이다. 제스처의 크기도 그에 맞게 조금 더 커져야 상대에게 잘 보이고 잘 전달된다. 예를 들어 손을 들어 표현할 때 적어도 손이 얼굴 높이까지는 올라와야 상대가 제대로 볼 수 있다. 공간이 커진 만큼 몸짓과 표정에도 힘이 필요하다.

사회적 공간은 1.2m에서 3.6m 사이로, 첫 만남에서 가장 조심해야 하는 공간이다. 요즘 가장 많이 듣는 사회적 거리 두기의 거리가 이 사회적 공간을 기준으로 설정된 것이다. 상대에게 불편함을 주지 않고, 적당한 거리지만 공적 공간에서 소통할 때만큼 큰 힘을 들이지 않고도 커뮤니케이션이 가능한 정도의 거리이다. 이 상황에서 제스처의 크기는 어깨선, 어깨너비 정도에서 움직여도 충분히 전달된다. 공적 공간보다 적은 에너지로도 메시지가 잘 전달될 수 있다.

개인적인 공간은 팔을 뻗으면 닿을 수 있는 정도의 거리로 45cm에서 1.2m 사이 영역이다. 친구와 편하게 대화가 가능한 사적 영역이다. 마지막으로 친밀한 공간은 아주 가까운 사람에게만 허용되는 민감한 영역이다. 45cm 이내의 공간으로 이 공간에서는 편하게 신체 접촉하고 속마음을 드러내기도 한다. 개인적인 공간이나 친밀한 공간에서는 제스처의 크기가 크지 않아도 좋다. 오히려 이 공간에서 제스처의 힘과 크기가 커지면 상대방은 자연스럽게 거리 두기를 하게 되어 멀어질 수도 있다.

처음 보는 사이인데 호감을 얻고 싶다고 너무 가깝게 다가가면 상대는 오히려 불편함을 느끼고 심리적 거리감을 두며 방어적이 된다. 제대로 소통하려면 상대가 느낄 불편 요소를 만들지 않는 것이 중요한 만큼 사회적 공간에 주의를 기울여야 한다. 적당한 사회적 거리는 유지할 필

말마중

요가 있는 것이다.

그러나 개인 영역은 사람마다 다르게 설정된다. 절대적인 수치로 표현되기는 어렵지만, 상대방과의 적당한 거리를 파악할 수 있는 방법은 있다. 대화할 때 살짝 이동하면서 거리감을 찾으면 된다. 사람은 무의식적으로 본인의 불편함을 해소하기 위해 움직인다. 내가 다가갔을 때 상대방이 뒤로 물러난다면 거리가 좁혀져서 불편함을 준다는 뜻이다. 그럴 때는 다시 거리 두기를 하면서 상대에게 정서적 안정감을 주어야 방해가 되지 않는다.

이보다 더 확실하고 좋은 방법은 상대방이 대화의 거리를 조절하도록 기다려 주는 것이다. 어느 정도 친밀감이 형성되면 상황에 맞춰 자신의 공간을 열어 줄 것이다. 만약 상대방이 나를 향해 몸을 기울인다면 조금 더 다가가 거리를 좁혀 소통해도 좋다. 이런 거리 조절을 통해 상대방이 배려를 느끼고 우리의 말에 신뢰를 보내게 될 것이다. 거리 두기에 대한 이해와 존중이 기본이 되면 소통이 달라진다.

긍정의 결과를 만들어 주는 효과적 거리 두기 Tip

• 밀접한 거리(Intimate Distance Zone) 45cm 이내의 거리로, 연인이나 가족처럼 친밀도가 높은 관계의 거리인 동시에 맞붙어 싸우는 거리이기도 하다.

• 개인적 거리(Personal Distance Zone) 45cm~1.2m 거리로, 팔을 뻗었을 때만큼의 길이다. 친구 등 잘 아는 사람끼리 서로의 감정을 확인할 수 있는 거리이다.

• 사회적 거리(Social Distance Zone) 1.2m~3.6m 거리로, 사무적이고

공식적이다. 타인에게 불쾌감을 주지 않고 의사소통이 가능하다.

• 공적인 거리(Public Distance Zone) 3.6m~9m 거리로, 위협을 받을 경
우 피할 수 있는 거리이다. 목소리는 커지고 몸짓 등 비언어적 커뮤
니케이션으로 의사가 전달된다. 무대와 관객의 거리이기도 하고
연설 등이 진행되는 거리이다.

05

듣기 좋은 목소리 만드는 법

목소리가 관계를 바꾼다

온택트 시대 더욱 부각되는
목소리의 경쟁력

사람과의 직접적인 대면보다는 비대면이나 온라인으로 만나게 되는 일이 많아진 요즘, 목소리가 더욱 중요해진 시대가 찾아왔다. 학교 수업뿐만 아닌 직장인들의 회의, 친구들과의 비대면 모임 등 다양한 곳에서 온라인으로 만남을 갖는 일이 이제는 일상이 되었다.

페이스북, 인스타그램 등과 같은 SNS, 소셜 네트워크 서비스에서도 클럽하우스라는 음성을 기반으로 한 서비스가 등장해 큰 인기를 끌었다. 기존의 이미지와 텍스트, 영상을 기반으로 하는 SNS와 달리 오로지

말마중

참여자들의 목소리만으로 대화를 나누는 형태의 플랫폼이다. 테슬라 최고 경영자인 일론 머스크가 사용 중이라고 해서 유명세를 타고, 다양한 분야의 유명 인사나 연예인, 일반인들이 참여해 다채로운 주제로 대화를 나눈다.

라디오 방송을 듣는 것처럼 다른 사람의 얘기를 들을 수 있고, 대화에 참여해 나의 얘기를 들려줄 수 있는 SNS, 사람들은 목소리만으로 새로운 사람들을 만나게 되고, 대화를 나누며 소통하는 만큼 새삼스럽게 자신의 목소리에 대해 생각해 보게 된다고들 한다.

실제 사용자들의 후기를 보면 말과 대화를 주도하는 사람의 목소리가 듣기 편하고, 말을 조리 있고 깔끔하게 할수록 자주 참여하고 오래 머물게 된다는 말을 많이 한다. 이처럼 나의 목소리를 가꾸고, 듣기 좋은 목소리로 말하는 방법을 연습하는 것이 나의 이미지를 좋게 만드는 데 있어 더욱 중요해진 시대가 온 것이다.

좋아요와 구독을 부르는 목소리는 따로 있을까?

사람마다 개인적으로 선호하는 목소리는 다 다를 수 있다. 하지만 보편적으로 사람들이 좋아하는 소리는 남성의 경우 중저음 톤의 목소리, 여성의 경우 중음 톤의 목소리가 좋다고 한다. 광고 내레이션이나 다큐멘터리 더빙을 하는 목소리 좋은 연예인들을 생각해 보면 "아, 이런 목소리가 좋은 목소리구나!" 하고 떠오를 것이다.

남성은 1초에 100~150회, 여성은 200~250회 후두에 위치한 성대가 진동하여 목소리를 내는데, 남자임에도 고음이 나는 경우는 성대 근육이 과도하게 긴장된 상태에서 소리를 내보내기 때문이다. 따라서 대면뿐

갈라지는 목소리
연속적인 하이톤
지나친 비음(콧소리)
입안에서 맴도는 소리

메시지 전달력 하락

균일한 목소리
중저음 목소리
적당한 비음(콧소리)
입 밖으로 나오는 소리

메시지 전달력 상승

발음이 부정확한 소리
연속적 작은 소리
떨리는 소리
툭툭 거리는 소리

화자의 이미지
호감도 하락

발음이 정확한 소리
리듬 있는 목소리
울림 있는 목소리
포물선의 둥근 목소리

화자의 이미지
호감도 상승

만 아니라 온라인, SNS에서 듣기 좋은 목소리를 만들고 싶다면 건강하게 나 자신에게 맞는 목소리를 내는 연습이 필요하다.

특히나 온라인에서 좋은 목소리라고 평가받는 사람들에게는 몇 가지 특징이 있다. 중저음에 적당한 비음이 섞인 웅얼거리지 않은 목소리이다. 이런 목소리로 말하게 되면 전달력이 상승한다. 또한 발음이 정확하고 리듬감이 있어 전체적으로 생동감 넘치게 말하는 사람은 긍정의 이미지로 평가받는다.

10분 만에 듣기 좋은 목소리 톤 찾는 법

- 자신이 낼 수 있는 중간 음을 '도, 레, 미, 파, 솔' 등의 음계로 소리 내면서 찾아본다.
- 중간 음이 파악되면 같은 높이를 유지하며 '아' 소리를 내본다. 자기 목소리를 녹음해서 들어보는 것도 좋은 방법이다.

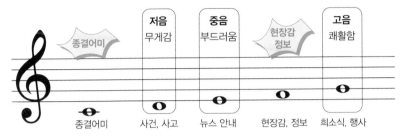

상황별, 내용별 목소리 톤 연출법

- 자신에게 맞는 중음을 찾는 게 중요하다. 억지로 맞지 않는데 중음을 찾게 되면 성대에도 무리가 되며, 결코 좋은 목소리가 될 수 없다.

말하는 사람이 편해야 듣는 사람도 듣기 좋다.

중저음의 목소리가 좋다고 억지로 중저음을 내기 위해 목을 눌러서 소리를 내면 정말 어색하다. 가식적이고 거부감을 줄 수 있다. 사람들은 자연스러운 목소리에 호감을 느낀다. 내가 가진 목소리를 잘 관리하고 훈련하면서 진실성, 진정성이 느껴지는 자연스러운 목소리, 상황에 맞는 적합한 목소리를 내는 것이 가장 중요한 것이다. 내가 가진 좋은 목소리를 발견하고, 누군가를 흉내 내거나 따라가는 목소리가 아닌 나의 진정성 있는 나만의 매력이 담긴 목소리를 찾아내는 것이 가장 중요함을 잊지 말자.

온라인에서 내레이션 잘하는 법

1인 방송의 시대에 살고 있다. 다양한 방법으로 개성 있는 채널들이 하루에도 무수히 많이 생겨나고 있다. 본인의 얼굴을 공개하지 않고 자신의 목소리만으로 채널을 운영하는 사람도 아주 많다. 자신의 개성이 담긴 목소리로 말하는 것이 가장 좋겠지만, 대중들이 좋아하는 가장 기본이 되는 내레이션 방법을 몇 가지 정리해 보겠다.

음독(音讀): 촬영이나 녹음 전 미리 원고를 읽어보는 단계

주어진 원고를 음성화(소리를 내어 읽어보는 것)하는 과정이다. 음독 단계에서는 어려운 발음 등을 미리 체크하고 주의해야 하는 발음들을 미리 점검해서 낭독할 때 실수하지 않도록 해야 한다.

또한 특수한 어구라든가 발음하기 어려운 부분을 반복적으로 읽어보면서 어디에서 멈췄다 읽을 것인지, 어느 부분에서 강약 조절을 할 것인지 또 어느 부분을 빠르게 읽거나 천천히 읽을 것인지 등을 확인하면 된다. 이 과정에서 꼼꼼히 하면 할수록 본격적인 녹음이나 녹화 시에 실수가 줄어든다.

낭독(朗讀): 본 촬영 or 녹음하는 단계

목소리를 담는 마이크와 입 사이에는 주먹 한 개 정도의 공간을 일단 만들어 주자. 입술음으로 인해 바람 소리가 담기지 않게 하기 위해서다. 낭독할 때는 연습한 원고를 발음, 속도, 호흡 조절, 띄어 읽기, 어조의 변화, 어감 등의 표현 기교를 적절히 활용해 말하듯 편안하게 힘을 빼고 읽어 주는 게 중요하다.

글을 읽는 것이 아니라 편안하게 말한다는 느낌이 내레이션하는 사람을 통해 전해져야 한다. 원고 내용과 말이 낭독하는 사람으로 인해 온전하게 하나가 되어야 한다. 그래야 듣기 좋은 결과물이 탄생한다.

듣기 좋은 내레이션하는 요령

고저장단

말의 높은 소리와 낮은 소리로 긴소리와 짧은소리는 말의 고급스러움을 더한다.

강약

의도적으로 핵심 키워드나 전달할 메시지가 있는 부분에서 강하게, 혹은 힘을 빼서 약하게 말해주면 확실하게 강조된다.

속도

단조로운 속도의 내레이션은 지루하다. 내용이나 의미에 맞게 속도를 빠르게 하거나 느리게 조절한다면 결코 지루하지 않다. 낱말 자체가 부각돼야 할 필요가 있는 데서는 속도를 느리게 하면 이해를 돕는 데 아주 좋다.

어조

내레이션의 전체적인 분위기를 좌우할 수 있는 말의 가락으로 높고 낮은 음의 흐름이다. 흔히들 말투라고도 하는데, 음악에서 말하는 멜로디라고 생각하면 이해가 빠를 것이다. 어조를 어떻게 하느냐에 따라 말하는 사람의 감정과 기분까지 더해지면서 내레이션의 분위기가 결정된다.

끊어 읽기(Pause)

내레이션할 때 일정한 간격으로 쉼을 두고 끊어 읽기를 하는 것이다.

끊어 읽기는 듣는 사람의 이해를 돕는 데 큰 도움을 준다. 더불어 내레이션할 때 감정과 호흡을 정리할 수 있는 역할도 한다. 끊어 읽기를 제대로 못 하면 호흡이 불안정해서 NG가 나기 쉽다.

변조(Change of Pace)

필자는 변조를 일명 '따옴표 말하기 기법'이라고 정의해 봤다. 따옴표(" ") 속에 들어가는 대사나 말 등을 다양한 목소리로 연출하는 것인데, 표현력이 크게 요구되는 부분이기도 하다. 잘만 소화해 낸다면 전체적인 내레이션에 활력이 생기고 흥미도 높아질 수 있다.

좋은 목소리를 유지하기 위한 건강한 목 관리법

좋은 목소리를 만들기 위해서 선행되어야 할 것이 있다. 바로 건강한 목 상태를 유지하는 것이다. 좋지 않은 발성법으로 장기간 목소리를 내다 보면 성대 조직에 이상이 오게 된다. 목소리를 많이 쓰는 가수, 습관적으로 고함을 지르는 사람들에게는 성대 결절이 자주 생기는데, 잘못된 방법으로 오랜 시간 목소리 훈련을 하다 보면 자칫 성대 결절이 생길 수 있으니 조심해야 한다.

무엇보다 술과 담배는 성대 건강에 좋지 않다. 특히 음주와 흡연을 동시에 하는 것은 금물이다. 그리고 충분한 수분 섭취를 하되 말을 많이 할 때는 카페인 음료(커피, 녹차 등)보다는 물을 조금씩 수시로 마시면 좋다. 하루에 평균 물 여덟 잔 이상 마시기를 실천해 보자. 큰 소리로 장시간 이야기하거나 소리를 지르는 것도 목에 상당히 좋지 않다. 또한 습관적으로 헛기침은 성대를 건조하게 만드는 요인 중 하나이므로 좋지 않다.

목소리 노화 원인과 예방법

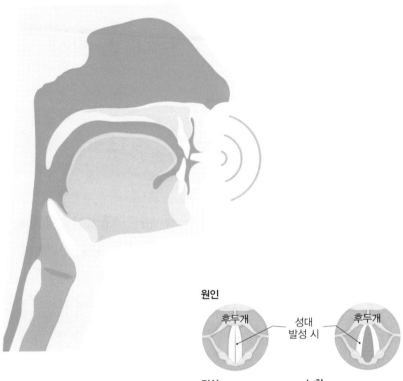

원인

후두개　성대　후두개
발성 시

정상
말할 때 성대가 완벽히 닫혔다 열렸다 하며 정상 소리가 남

노화
성대가 노화대 완벽히 닫히지 않음. 바람이 새는 듯한 쉰 소리, 갈라지는 소리가 남

예방법

혀 떨기 운동
혀를 입천장에 대고 빠르게 '으르르르' 발음 (하루 5~10분)

후두 마사지
턱과 목젖 사이를 손가락으로 둥글게 그리고 밑으로 쓸어내리기(하루 5~10분)

다시 듣고 싶은 목소리의 비밀, 발성

발성이란 말 그대로 소리를 내는 것이다. 들이마신 호흡이 날숨에 의해 성대를 진동시켜 음성을 만들어내는 것이다. 그러나 단순히 성대만 울려 나오는 소리는 큰 울림을 주지 못한다. 현악기를 보면 현을 튕기거나 마찰을 일으켜 소리를 내지만 나무로 만들어진 몸통을 통해 울림을 주어 맑고 풍성한 소리를 낸다. 이 과정을 공명이라고 한다. 목소리도 성대

후두 위치 및 구조

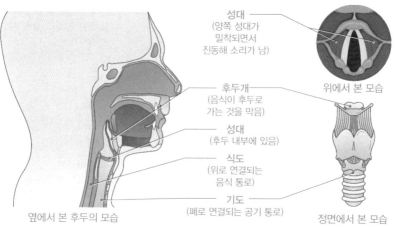

성대
(양쪽 성대가
밀착되면서
진동해 소리가 남)

위에서 본 모습

후두개
(음식이 후두로
가는 것을 막음)

성대
(후두 내부에 있음)

식도
(위로 연결되는
음식 통로)

기도
(폐로 연결되는 공기 통로)

옆에서 본 후두의 모습

정면에서 본 모습

의 진동을 통해 나오는 소리가 가슴과 머리, 코 등 공명 기관을 통해 증폭된다.

울림의 소리를 찾아서

앞서 몇 차례 언급했듯이 목소리에는 자신만의 색깔이 있다. 이 색을 찾는 것이 중요하다. 대중적으로 목소리가 좋은 사람들을 생각해 보면 공명이 좋은 사람들이 떠오른다. 공명이란 바로 소리의 울림을 말한다. 목소리에 적당한 울림이 섞인다면 목소리에 힘이 생기고 풍성한 소리가 나게 되며 부드럽고 안정감을 줄 수 있다. 신뢰감을 주는 좋은 목소리가 바로 공명이 잘 되는 목소리다.

호흡을 통해 나오는 공기가 성대에 의해 소리로 변하고 공명 기관을 통해 울리며 풍성해진다. 음이 높으면 진동수가 많아지고, 음이 낮으면 진동수가 적어진다. 높은 음을 낼 때 구강과 비강, 즉 입안의 공간과 코안 쪽의 공간을 울리는 소리를 내게 되고, 낮은 음을 낼 때는 가슴 부분의 진동이 커지게 된다. 결론은 우리 몸 전체가 공명에 중요하게 작용한다.

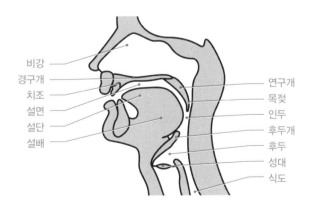

목소리의 공명을 가장 쉽게 느낄 수 있는 방법은 허밍이다. 입을 가볍게 닫고 "음" 하는 소리를 내보자. 먼저 입과 코 주변, 가슴의 울림을 느껴 보고, 최대한 낮은 톤부터 높은 톤으로 소리를 내보자. '음', '음마', '도레미파솔라시도' 음정을 내보는 등 다양하게 소리를 내며 연습하자. 울림이 많고 편안하게 소리 내기 좋은 톤이 바로 자신에게 가장 잘 맞는 목소리 톤으로 볼 수 있다. 자신의 목소리 톤을 찾는 것만으로 반은 성공했다고 볼 수 있으므로 꾸준한 연습으로 본인의 목소리 톤을 찾아 익숙해져야 한다.

바른 자세에서 좋은 소리가 나온다

우리가 소리 낼 때 몸을 이완시키는 것이 매우 중요하다. 소리를 내기 위해 긴장하거나 몸이 경직되어 있으면 깨끗하고 좋은 소리가 나올 수 없다. 한번 상상해 보자. 몸 안에 너무나도 아름다운 깃털을 가진 새 한 마리가 있다. 이 새를 온전하게 형태를 보존한 채 밖으로 내보내려고 하는데 어깨에 힘이 들어가 있고 목에 힘이 들어가 경직되어 있다면 그만

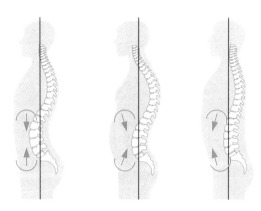

말마중

큼 밖으로 연결되는 통로가 좁아지게 된다. 밖으로 나오려는 새의 깃털이 이곳저곳 경직되어 좁아진 통로로 나오려다 보면 아름답고 온전한 형태로 나오기 힘들어진다.

소리도 마찬가지다. 소리가 깨끗하고 아름답게 나오기 위해서는 그 소리가 나오는 통로가 넓어야 하고, 경직되어 걸리는 곳이 없어야 한다. 발성 연습을 하기 전에 머리가 위로 살짝 당겨진다는 느낌을 가지면 턱은 자연스럽게 안으로 당겨지고 목 뒷부분이 펴지는 느낌을 받을 수 있다. 가장 편안하게 발성을 연습하기 좋은 자세로 볼 수 있다.

다시 한번 강조한다. 좋은 목소리를 내고 싶다면 먼저 바르고 안정된 자세부터 신경 쓰자. 배를 쭉 내밀고 어깨가 말려 있는 자세는 체형 건강에도 좋지 않지만, 발성에 절대 좋지 않다. 또 너무 의식적으로 바른 자세를 취하려고 노력하다 보면 자칫 몸이 경직되기도 한다. 몸에 힘이 들어가면 안 된다. 어깨와 가슴, 목과 팔의 경직을 풀기 위해서 앞으로 나란히 자세나 만세 자세를 취한 뒤에 팔을 툭 떨어뜨리는 훈련을 해보자. 긴장된 근육을 풀 수 있는 간단하지만 효과적인 방법이다.

하품 활용 발성 연습법

발성 연습을 할 때 하품하듯이 하라는 얘기를 많이 들어 봤을 것이다. 실제 하품을 하라는 뜻이 아니라 하품을 막 시작할 때의 입안 공간에 대해 이야기하는 것이다. 하품을 하면 아래턱이 자연히 아래로 떨어지고 입안의 연구개 부분이 올라가며 자연스럽게 통로가 넓어지고 호흡이 나오기 편안한 상태가 된다. 또 구강 내부의 긴장을 풀어주는 데도 도움이 된다.

자세를 바르게 하고 선 채로 상체만 숙이고 팔을 늘어뜨린 채 하품하듯이 "하" 하고 공기를 내뱉으며 "아" 소리를 섞어 내보자. 소리를 내려고 힘을 주기보다는 자연스럽게 호흡과 음성이 섞여 나오는 듯한 느낌이 들어야 한다. 처음에는 가볍게 하품을 하듯이, 이후에는 5초, 10초씩 소리를 내는 연습을 해보자.

이때 나오는 소리가 불안정하게 떨리거나 크고 작게 나오지 않도록 해야 하며 처음부터 끝까지 고른 소리가 나오도록 유지해야 한다. 한 번에 너무 강하지 않게, 또 너무 작게 나가지 않도록 균일하게 호흡과 소리를 내뱉는 연습을 하는 게 중요하다.

스타카토를 활용한 일명 '개 발성법'

스타카토는 음을 짧고 또렷하게 끊듯이 소리를 내는 것이다. 필자는 이 스타카토 발성 연습을 우스갯소리로 '개 발성법'이라고 표현하기도 한다. 반려견이 짖을 때 "머엉" 하고 짖는지 "멍!" 하고 짧게 끊어서 짖는지 생각해 보자. "멍!" 하고 짧게 끊어서 짖는 경우가 대부분이다. 짖는 모습을 보면 반려견의 배가 통통 튕기는 것을 볼 수 있다. 배에 힘이 들어가면서 소리가 크고 풍성하게 나오기 때문에 우리도 호흡 연습을 할 때 스타카토 발성으로 소리를 크고 풍성하게 내도록 연습해야 한다.

잘 들리는 시원시원한 발성법

생각해 보자. 내 앞에서 말하고 있는 사람이 웅얼웅얼 말한다면 어떨까? 무슨 말인지 잘 들리지도 않아 답답할 것이다. 좋은 발성은 시원시원하게 앞으로 나오는 소리여야 한다. 웅얼웅얼거리는 발성은 답답하

고 전달력도 떨어진다.

입을 크게 열고 말소리를 앞으로 둥글게 던지듯 내보자. 이때 직진으로 내는 소리는 다소 차가운 느낌을 줄 수 있다. 반면, 둥글게 포물선을 그리는 소리는 부드럽고 따뜻한 느낌을 전할 수 있다. 내가 하고자 하는 말의 내용과 성격에 맞춰 직진하는 소리와 포물선을 그리는 소리를 적절히 활용해 보자.

안정감 있는 목소리의 비밀, 호흡법

호흡이란 누구나 다 알고 있듯이 숨 쉬는 것이다. 특별히 의식하지 않아도 자연스럽게 숨을 쉰다. 하지만 누군가 "흉식 호흡을 해봐, 복식 호흡을 해봐." 하고 말한다면 부자연스러워지고 불필요한 힘이 들어가는 걸 느낄 수 있다. 좋은 목소리를 내기 위한 조건 중 가장 중요하고 기본이 되는 것이 바로 호흡이다. 누구나 숨을 쉬지만, 좋은 목소리를 내는 데 효과적인 호흡 방법은 따로 있다.

한 호흡 챌린지의 숨은 의도

SNS 등을 통해 ○○챌린지가 유행하고 있는데, 그중 '한 호흡 챌린지'라는 것도 있다. 긴 문장을 한 호흡에 말하는 도전을 하는 방식인데, 그 과정에서 웃음을 자아내기도 한다. 한 호흡 챌린지를 해 본 사람은 알겠지만 쉽지 않다. 유행처럼 SNS에서 번져 나갔던 '한 호흡 챌린지'의 숨은 의도는 바로 '말하기의 유연성'을 키우는 것이다. 버벅거리지 않고 자연스럽고 유연하게 말할 수 있는 능력이 되려면 호흡량이 풍부해야 한다. 그래야만 안정감 있게 말할 수 있기 때문이다.

호흡량이 많다면 그만큼 여유가 있고, 여유가 생기면 말을 더 정확하고 자연스럽게 그리고 다양하게 표현할 수 있기에 전체적으로 안정감을 줄 수 있는 것이다. 호흡이 부족하면 그만큼 말이 빨라질 수밖에 없어서 조급한 느낌이 들고 결과적으로 의미가 제대로 전달되지 않게 된다.

숨만 잘 쉬어도 목소리는 달라진다

호흡 방법에도 여러 종류가 있겠지만 대표적으로 가슴 부위에서 숨을 쉬는 흉식호흡과 복부를 이용해 숨을 쉬는 복식호흡이 있다. 흉식호흡은 갈비뼈 주변 근육의 움직임을 통해 가슴 부위의 공간을 넓혔다 수축하는 호흡법이다. 복식호흡은 횡경막의 수축과 이완 작용을 통해 호흡하는 방법으로 복부를 부풀리며 자연스럽게 내쉬는 호흡법이다.

말할 때 복식호흡을 해야 한다는 얘기를 많이 들어왔다. 복식호흡은 흉식호흡에 비해 깊숙하게 호흡하면서 약 30%가량 많은 호흡량을 확보할 수 있을 뿐 아니라 긴장을 완화시키고 정신을 집중시키는 효과도 있다.

호흡량이 많아지는 만큼 목소리와 말의 속도를 마음대로 조절할 수

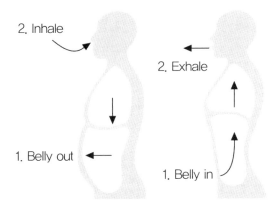

있는 장점이 있고, 호흡량이 많아질수록 성대의 부담을 줄일 수 있다. 또 공기의 압력이 강해져 목소리에 힘이 생기고 몸통 전체가 공명 기관의 억할을 하며 깊고 풍성한 소리를 낼 수 있게 해준다. 이처럼 좋은 목소리를 내기 위한 가장 기초적인 방법이 복식호흡법이다.

복식호흡 쉽고 편하게 연습하는 법

사람들은 의식하지 않아도 항상 복식호흡을 할 때가 있다. 언제? 바로 잠을 자기 위해 누워 있을 때다. 이때 우리는 자연스럽게 복식호흡을 한다. 가능하다면 지금 바로 누워 보자. 편안하게 숨을 쉬다 보면 배가 부풀어 오르는 모습을 볼 수 있을 것이다. 바닥에 편안하게 누워 온몸의 힘을 뺀 뒤 가능한 깊게 숨을 마시고 천천히 입으로 숨을 내뱉는다.

누구나 가장 쉽게 복식호흡을 연습할 수 있는 방법이 누워 있는 자세다.

1. 먼저 코로 숨을 깊게 들이마셔서 배에 가득 채운다.
2. 배가 불룩해지면 숨을 잠시 멈춘다.
3. 배에 힘을 주고 혀를 윗니에 살짝 대고 '스' 소리를 내듯 천천히 내뱉는다. 익숙해지면 30초, 40초 이상 길게 뱉어 보자.
4. 호흡이 완전히 빠지면 위 과정을 반복한다.

한 가지 주의할 점은 숨을 내뱉을 때 항상 균일하게 소리가 나야 한다. "스" 하고 내뱉는 동안 호흡이 끊어지거나 흔들리지 않게끔 균일하게 유지하는 것이 중요하다. 숨을 들이마셨을 경우 배가 앞으로만 볼록 나오는 것은 의미가 없다. 배 양옆 부분과 등 쪽까지, 한마디로 튜브를 두른 것처럼 전체적으로 팽창시켜야 한다.

엎드린 채 딱딱한 베개를 배에 대고 복식 호흡하며 숨을 깊게 들이마셔 본다면 배 양옆과 등 쪽까지 호흡이 들어가는 걸 느낄 수 있다. 또 벽에 등을 대고 서서 배에 숨을 들이마신 뒤 힘을 주어 다른 사람이 배를 눌러주는 걸 버티면서 숨을 천천히 내뱉는 연습을 꾸준히 하는 것도 복식호흡에 도움이 된다.

필자는 자려고 누웠을 때 무거운 잡지나 책 등을 두세 권씩 배 위에 올려두고 여전히 복식호흡을 연습하고 있다. 꾸준하게 연습하다 보면 확실히 호흡량이 많아진다. 앞서 말했듯이 호흡량이 많아질수록 말에 안정감이 생기고 다양한 표현을 할 수 있는 만큼 꾸준한 연습이 필요하다.

목소리에는 많은 것들이 담겨 있다. 우리는 기쁠 때나 슬플 때, 긴장했을 때 자신도 모르게 목소리가 변한다. 톤이 높아지거나 낮아지기도 하고, 기어가듯 작아지기도 한다. 방송인들의 내레이션을 통해, 배우들의 목소리 연기를 통해, 가수들의 노래를 통해 우리는 감정을 전달받는다. 이렇게 목소리로 상대방의 감정까지 느낄 수 있는 그 중심에는 호흡이 있다는 것을 잊지 말자.

좋은 목소리를 내기 위한 가장 중요한 요소이자 목소리의 기본 에너지는 호흡이기 때문이다. 호흡이 바르지 못하면 제대로 발성하지 못하게 되고 제대로 소리를 내지도 못하게 된다. 또 호흡이 가빠지면 말이 뚝뚝 끊어지고 전달력도 떨어진다. 좋은 목소리로 말을 잘하고 싶다면 호흡 연습부터 시작해 보자.

신뢰감을 더하는 목소리의 비밀, 발음법

아이들은 어른의 입 모양을 통해 말을 배운다고 한다. 하지만 코로나19 가 장기화하면서 마스크를 쓰는 시간이 늘다 보니 상대방의 입 모양을 보기 어려운 우리의 아이들이 언어 발달에도 영향을 받고 있다는 기사 를 봤다.

성인의 경우에도 비대면, 언택트 시대에 말하는 사람의 표정이나 뉘 앙스 등 비언어적인 소통이 제대로 이루어질 수 없는 상황이 많아져서 정확한 발음을 통한 의사 전달이 더욱 중요해졌다. 또 온라인 스트리밍 서비스도 많이 발달하고 있다. 여기서 국내외 다양한 영화나 드라마를 볼 수 있는데, 우리나라 드라마를 보면서 많은 사람이 하는 얘기가 자막 을 볼 수 있어 좋다는 것이다. 일부 배우들의 대사 처리가 웅얼거리거나 부정확한 발음으로 인해 알아듣기 힘들다는 것이다. 그만큼 발음은 우 리가 의사소통하는 데 있어 중요한 역할을 한다.

정확한 입 모양을 위해 거울을 준비하자
말을 잘 전달하기 위해서는 정확한 입 모양이 중요하다. 그러나 의외로 많은 사람이 말할 때 입을 크게, 제대로 벌리지 않는다. 제대로 된 입 모양을 만들기 위해서 항상 거울을 보며 자신의 발음과 입 모양을 확인해본다면 발음 개선에 큰 도움을 받을 수 있다.

"입을 크게 벌려보세요." 하고 말하면 많은 사람이 음식을 먹을 때처럼 사방으로 입을 벌리는 경우가 많다. 말하기 위해서 입을 크게 벌릴 때는 사방으로 벌리는 것이 아니라 위아래로 벌리는 연습을 하는 것이 좋다. 귀 앞과 구레나룻 사이를 만져보면 관절의 연결 부위가 있는데 입을 위아래로 크게 벌릴 때 이곳을 만져보면 손가락이 쏙 들어가는 것을 느낄 수 있다. 항상 이 부위를 만져보면서 입을 위아래로 크게 벌리는 연습을 해보자.

이 부위 ○

모음 연습하는 법

모음은 호흡을 통해 올라온 소리가 조음기관에 의해 폐쇄나 마찰 등의 장애를 받지 않고 나는 음을 말한다.

'어'는 '아'에서 입술만 가볍게 모아서 발음하고, '오'는 입술을 동그랗게 만들고 '우'는 입을 조금 벌리고 앞으로 내밀며 발음한다. '으'는 입만

살짝 벌리고 입술과 혀에 힘을 주지 않고 편안하게 둔다. 이 모음들을
'이 - 에 - 애 - 아 - 어 - 오 - 우 - 으 – 이' 순서로 거울을 보며 자연스럽게
입 모양과 혀의 위치가 이동할 수 있도록 연습해 보자.

자음 + 이중모음 연습하는 법

가	갸	거	겨	고	교	구	규	그	기
나	냐	너	녀	노	뇨	누	뉴	느	니
다	댜	더	뎌	도	됴	두	듀	드	디
라	랴	러	려	로	료	루	류	르	리
마	먀	머	며	모	묘	무	뮤	므	미
바	뱌	버	벼	보	뵤	부	뷰	브	비
사	샤	서	셔	소	쇼	수	슈	스	시
아	야	어	여	오	요	우	유	으	이
자	쟈	저	져	조	죠	주	쥬	즈	지
차	챠	처	쳐	초	쵸	추	츄	츠	치
카	캬	커	켜	코	쿄	쿠	큐	크	키
타	탸	터	텨	토	툐	투	튜	트	티
파	퍄	퍼	펴	포	표	푸	퓨	프	피
하	햐	허	혀	호	효	후	휴	흐	히

위 표는 다들 아는 한글 자음과 모음 표다. 학교에 들어가기 전 한글
을 배울 때 많이 보고, 발음 및 발성 연습을 할 때 가장 많이 사용하는 표
이기도 하다. 이 표에서 중요한 것은 기본 모음 외에 이중모음인 'ㅑ, ㅕ,
ㅛ, ㅠ'의 발음이다.

이중모음은 입술의 모양이나 혀의 위치가 처음과 끝이 달라지는 발
음이다. 천천히 '가' 줄을 읽어 보면 이중모음에 대한 큰 불편함이 없이
대부분 발음을 잘하는 걸 볼 수 있다. 하지만 아래로 내려와 '자' 줄을 읽
어보면 대부분의 사람이 '자, 자, 저, 저, 조, 조, 주, 주, 즈, 지'로 읽는다.
이중모음에 대한 발음이 제대로 되지 않아서이다. 앞서 말했듯이 이중
모음은 처음과 끝의 입 모양과 혀의 위치가 다르다.

말마중

'야' 발음을 하기 위해서는 처음 입 모양이 '이' 발음에서 시작해 '아'로 끝나야 한다. '이아'를 빠르게 발음한다고 생각하고 처음 '이' 발음처럼 입술 끝을 양 끝으로 최대한 벌려준 상태에서 '아' 발음 모양으로 빠르게 이동을 해준다. '여'는 '이어', '요'는 '이오', '유'는 '이우'를 빠르게 발음해 준다고 생각하면 쉽다. 이중모음 발음은 '이'로 시작한다는 것을 명심하고, '야'는 '아'와 '여'는 '어', '요'는 '오', '유'는 '우'와 끝 입 모양이 같아진다는 걸 명심하자.

가장 중요한 것은 입을 크게, 혀를 빠르게 움직여주는 것이다.

물론 일상에서 말할 때 입을 크게 벌리고 입술을 과도하게 움직이면서 말하지 않는다. 하지만 기본적인 입 모양과 혀의 위치가 정확하게 연습되지 않는다면 어눌하고 웅얼거리는 발음으로 인해 의미가 정확하게 전달되지 않는다. 입을 크게 벌리고 정확한 발음을 낼 수 있는 연습을 꾸준히 하다 보면 입 모양이나 혀의 위치를 의식하지 않아도 자연스럽게 얘기하는 자신을 볼 수 있다. 거울을 보며 꾸준한 연습으로 명료한 발음을 내기 위해 노력하자.

Tip ....

알쏭달쏭 위치에 따라 다르게 발음되는 모음

'민주주의의 의의'. 이 문장을 한번 읽어보자.

이중모음 연습을 시키며 이 문장을 읽게 하면 많은 사람이 재미있게 발음한다. '의' 발음을 정확하게 내기 위해서 대부분의 사람이 [민주주의의 의의]라고 정확하게 '의' 발음을 내기 위해 노력한다. 하지만 '의' 발음은 위치에 따라서 달라진다. 단어의 첫음절에 오는 '의'는 [의], 첫음절 이외의 '의'는

[이], 조사일 경우에는 [에]로 발음할 수 있다. 그래서 '민주주의의 의의'는 [민주주이에 의이]로 발음된다.

품격 있어 보이는 표준 발음 사용법

우리말에는 글자와 발음이 다른 경우가 종종 있다. 표준 발음법에 의하면 "표준어의 실제 발음을 따르되, 국어의 전통성과 합리성을 고려하여 정함을 원칙으로 한다."라고 정의되어 있다. 기존의 원칙에 따른 발음이 현재 많은 사람이 사용하고 있는 발음으로 바뀌기도 한다.

대표적으로 '김밥'의 발음을 보면 알 수 있다. 예전에 필자는 다큐멘터리 내레이션을 진행했던 적이 있었다. 주인공인 소녀가 김밥을 좋아해서 김밥을 먹으며 운동 연습을 한다는 내용이 있었다. 표준어로 정해졌던 '[김밥]을 좋아해서'라고 발음했을 때 주변 스태프들의 반응이 어색했다. 일반적으로 많이 사용하는 [김빱]으로 발음해 달라는 요청을 받았던 적도 있다. 물론 현재는 [김밥, 김빱] 둘 모두 표준어로 인정하고 있다.

매년 국립국어원에서는 새로운 말을 표준어로 인정하거나 말을 통합하기도 하고 없애기도 한다. 내가 자주 사용하는 발음이 표준어로 인정받게 되면 좋겠지만, 표준어로 인정되지 못하는 경우도 있는 만큼 정확한 발음법을 공부해 제대로 된 발음을 한다면 스스로에 대한 자신감도 생기고, 주변의 시선 또한 달라지게 될 것이다.

생동감 있는 말하기의 비밀,
표현력 향상법

코로나19로 인해 비대면 교육이 생활화되면서 교육하는 직업의 사람들은 또 하나의 걱정에 휩싸였다. 그것은 바로 온라인 강의이다. 온라인의 특성상 쉽게 산만해질 수 있기에 어떻게 하면 집중시킬 것인가, 어떻게 하면 졸리지 않게 강의할 것인가에 대한 고민을 많이 하게 되었다. 그 정답은 바로 말의 표현력에 있다.

우리말에는 장음과 단음이 있고, 높낮이에 따라 또 말의 어떤 부분에서 숨을 쉬느냐에 따라 감정과 의미가 달라질 수 있다. 똑같은 얘기를 하더라도 재미있고 집중하게 만드는 사람이 있는가 하면 지루하고 재미없게 만드는 사람도 있다. 재미없게 말하는 사람들을 지켜보면, 보통 목소리에 높낮이나 말의 속도에 변화가 없고 단조로운 경우가 많다. 재미없는 것은 물론이고 내용이 정확하게 전달되지도 않는다.

생동감 UP! 전달력 UP! 말을 강조하는 법

생동감은 물론이고 말의 전달력을 높여주는 말하기 기술이 있다. 말의 속도와 강약 조절, 톤의 변화 등의 강조법을 통해 말의 리듬을 살려주는 것이다.

첫째는 강조하고 싶은 부분에서 톤을 살짝 높이거나 힘을 주어 강조하는 방법이다.

"안녕하십니까, 저는 홍길동입니다."
"오늘 발표의 주제는 목소리입니다."

이 두 문장을 말한다고 생각하면 강조해야 하는 부분이 어디일까? 첫 문장에서 강조해야 하는 부분은 내 '이름'일 것이고 두 번째 문장에서는 주제인 '목소리'일 것이다. 앞에서 말하는 "안녕하십니까."를 평소 톤인 도레미의 '미' 톤으로 얘기했다면 이름을 얘기할 때는 톤을 높여 힘을 줘 말해야 사람의 이름이 더 강하게 전달될 것이다.

두 번째는 첫 번째와 반대로 톤을 낮춰 약하게 말하는 방법이다. 강조에는 톤을 높여 힘 있게 말하는 것만 있는 것이 아니다. 분위기에 맞게 톤을 낮춰 약하게 말하는 방법도 있다. 물론 톤을 낮추고 약하게 말한다고 해도 듣는 사람에게 들릴 수 있는 적당한 크기로 말하는 것은 필요하다.

"코로나19의 여파로 매출이 절반이나 줄었습니다."
"코스닥 지수가 하락했습니다."

이 문장에서 "줄었습니다.", "하락했습니다."는 상황과 분위기에 따라 다양한 감정이 섞여 있겠지만 안타까움이 담겨 있는 감정을 전달하기 위해서라면 오히려 톤을 낮추는 낮춤 강조법으로 말하는 것이 좋다.

말마중

세 번째는 말을 천천히 하는 것이다. 말 그대로 내가 전달하고자 하는 부분을 다른 문장에 비해 천천히 얘기하는 것이다.

"리오넬 메시(Lioel Messi) FC 바르셀로나가 코파 델 레이 우승 트로피를 들어 올렸다."

이 문장처럼 '코파 델 레이'라는 스페인 축구 대회 명칭처럼 익숙하지 않은 단어나 대회명, 어려운 이름 등은 평소 말의 속도보다 조금 천천히 또박또박 읽으면 듣는 사람에게 보다 확실하게 전달될 수 있다.

네 번째는 모음을 길게 말하는 것이다.

"여러분 부자 되세요!"

언제 들어도 기분 좋아지는 이 말에서 '부자 되세요'와 '부자 되세요'의 어감은 분명한 차이가 있다. '부자'의 '부'를 길게 말해 준다면 좀 더 진정성을 담아낼 수 있을 것이다.

다섯 번째는 잠시 멈춤, 포즈를 통한 강조법이다. 강조하고 싶은 말 앞에서 잠시 멈추면 이어지는 말에 대한 궁금증을 일으켜 청중을 더욱 집중시킬 수 있다.

"오늘 대상은 바로 ○○○입니다."

시상식이나 오디션 프로그램 등에서 수상자를 발표할 때 많이 사용하는 방법이기도 하다.

이와 같이 강조법을 크게 다섯 가지로 구분했지만 내가 말하고자 하는 내용에 따라서, 분위기에 따라서 여러 가지 강조법을 동시에 사용해도 좋다. 크게 천천히 말하며 강조하는 방법, 포즈를 준 뒤 약하게 낮춰 천천히 얘기하며 강조하는 방법 등 다양하게 사용할 수 있다.

상황과 분위기에 맞게 적절히 사용할 수 있도록 자연스럽게 나의 말투에 녹여내 말에 감정을 실어 생생하게 전달하는 표현력을 기르는 것이 중요하다.

띄어 읽기 제대로 하는 법

강조법과 함께 얘기해야 하는 것이 있다. 바로 띄어 읽는 방법이다. 말하다 보면 호흡량이 많고 적음에 따라서, 또 말의 내용에 맞춰서 말하는 사람이 알맞게 숨을 쉬는 부분을 찾아야 한다.

엄마가방에들어가신다.
아빠가죽을드신다.
사랑해보고싶다

많이 봤던 문장이다.

엄마가 방에 들어가신다.
아빠가 죽을 드신다.

말마중

띄어 읽기를 못하는 사람은 없을 것이다.

한편 '사랑해보고싶다' 이 문장은 두 가지로 나뉜다.

사랑, 해보고 싶다.

사랑해, 보고 싶다.

띄어 읽기에 따라 사랑하고 싶은 사람의 독백일 수도 있고, 사랑하는 연인에게 보고 싶다고 얘기하는 것일 수도 있다.

서울에서 성남으로 가던 시외버스가 중앙선을 넘어 마주 오던 택시와 충돌했습니다.

서울에서 성남으로 가던 시외버스가 / 중앙선을 넘어 마주 오던 택시와 충돌했습니다.

서울에서 성남으로 가던 시외버스가 중앙선을 넘어 / 마주 오던 택시와 충돌했습니다.

이 문장을 보면 어느 부분에서 띄어 읽느냐에 따라서 가해자가 바뀌게 된다. 중앙선을 넘어온 차량이 버스인지 택시인지 띄어 읽는 부분에 따라서 달라지기 때문이다.

이처럼 강조법 외에도 말을 함에 있어 띄어 읽는 것이 의미 전달에 매우 중요하다는 것을 알 수 있다. 말하기 전에 먼저 내용을 정리하고, 그 내용에 맞게 감정과 호흡을 정리해 말하는 습관을 들여보자.

1인 방송의 시대, 무엇보다 나를 표현할 수 있는 목소리가 굉장한 경쟁력인 시대에 살고 있다. 목소리로 나를 잘 표현하고 있는가에 대해 질문하면 쉽게 "예" 하고 대답할 수 있는 사람은 많지 않을 것이다. 나의 목소리를 찾는 것, 나를 표현하는 나만의 매력적인 목소리를 찾아 가꾸어 가는 것, 결코 쉽지는 않다. 확실한 것은 올바른 방법과 꾸준한 연습이다. 경쟁력 있는 목소리를 위해 시간을 투자하고 노력한다면 분명 과거보다 훨씬 더 좋은 목소리로 변화된 자신을 확인하게 될 것이다.

혼자 하는 보이스 트레이닝 핵심 정리

강약(악센트)

어느 특정한 한 음절을 다른 음절보다 더 힘주어 발음하여 두드러지게 들리도록 하는 것으로, 의미를 강조하며 전체적인 의미를 분명하게 해주는 역할을 한다.

① 강조 악센트

한 낱말을 강조하기 위해 세기와 높이, 길이를 의도적으로 주는 악센트(더 크게, 더 높게, 더 길게 들리도록). 단, 지나치게 자주 사용하거나 사용 위치가 적절치 못하면 전체를 그르칠 수 있다.

② 문장 전체에 악센트를 주는 방법
• 핵심 의미 문장, 중요한 인용문 등에 사용하며 청중에게 매우 중요한 의미 정보를 가진 문장이라는 인식을 주어 특별한 관심을 갖게 한다.
• 주위 문장과 비교해서 음성의 세기와 높이를 '더 높고 더 강하게' 하

되 속도와 발음은 '약간 천천히 보다 명료하게' 한다.

– 주위 문장보다 세기와 높이를 '약하고 낮게' 하는 경우도 있다.

속도

속도를 의도적으로 변화시킬 경우, 일반적으로 의미가 강화하거나 약화된다. 보통 의미를 강화하고자 할 때는 속도를 느리게, 의미를 약화하고자 할 때는 속도를 빨리한다. 단, 너무 빨리 말하는 것은 듣는 사람을 긴장하게 하고 불안감을 준다. 반면 느리게 머뭇거리면서 말하는 사람은 뭔가 둔하고 열의가 없다는 인상을 준다. 적절히 잘 조절할 것!

포즈(끊어 읽기, 띄어 읽기)

문장이 길어서 한 호흡으로 읽을 수 없거나 의미나 발음의 문제로 인해 중간에 포즈를 두는 것을 '끊어 읽기'라고 한다. 끊어 읽기를 적절하게 하느냐 그렇지 않느냐는 의미 전달의 효용성, 발음의 정확성, 발성의 자연스러움, 운율 등에 깊은 영향을 미치는데, 띄어 읽기에 따라 의미가 달라질 수 있다.

어조(뉘앙스)

말의 운율적 부분을 일컫는 요소로 해석하며 억양, 악센트와 깊은 연관이 있다. 어조는 음성의 높낮이, 세기, 길이뿐만 아니라 음색에서 풍기는 느낌, 말하는 이의 심리 상태 등 말의 전체적인 분위기를 나타내 준다. 말하는 사람의 심리 상태와 현장 분위기를 전할 수 있다.

• 스피치가 끝나고 다음 말로 들어갈 때는 한 호흡 정도의 포즈를 두

고 다음 앞의 말 어미보다 약간 톤을 높여 말하면 청중에게 새로운 말이 시작된다는 뉘앙스로 전달되어 효과적이다.

억양

상승조, 평탄조, 하강조의 변화가 적절히 유지되면 자연스럽게 흐르는 좋은 스피치가 된다. 기본적으로 문장의 끝 억양을 내리는 것이 듣기 편안하다. 그러나 말의 분위기에 맞게 억양을 상승조와 평탄조로 변화를 두면 보다 세련된 느낌을 줄 수 있고 지루하지도 않다. 또한 말의 중요도는 화자의 억양에 의해 구분되기도 한다.

소리의 고저(높낮이)

고저는 음계의 높낮이인데 이 고저를 어떻게 잡느냐에 따라 말의 분위기가 달라진다. 적절한 목소리의 높낮이 조절은 듣는 사람을 지루하지 않게 해 매우 효과적이다.

장단음

낱말의 장단음을 지키면 말의 리듬이 더욱 또렷해진다. 적당한 장음 연출은 정확한 의미를 표현할 수 있게 하면서 전체적으로 고급스러움을 전할 수 있다. 또한 발음에도 도움을 주는데, 말할 때 보다 더 발음이 유연해진다.

목소리 크기

말할 때 일정한 크기의 목소리를 유지하며 상황에 따라서 그 크기를

말마중

조절하는 것이 중요하다. 목소리의 크기는 곧 말하는 사람의 자신감을 나타내기도 한다. 심리적으로 위축되어 있는 상황이라면 목소리의 크기를 의도적으로 높이는 것도 좋다.

• 특정 내용을 강조하거나 자신의 의사를 분명히 표현하고 싶다면 목소리를 크게 하거나 반대로 작게 해도 효과적이다.

목소리는 어떻게 나올까

폐를 통해 들이마신 공기가 빠져나오며 목에 있는 발성기관인 성대를 지나고, 성대의 진동을 통해서 소리가 만들어진다. 성대를 통해 만들어진 소리가 입안과 콧구멍 등에서 울리는 현상이 공명이다. 공명기관을 통해 증폭된 소리가 입술과 혀, 입천장, 아래턱 등의 조음기관의 움직임을 통해 발음을 만들고 의사를 전달할 수 있게 한다. 사람들의 목소리

성대의 구조와 기능

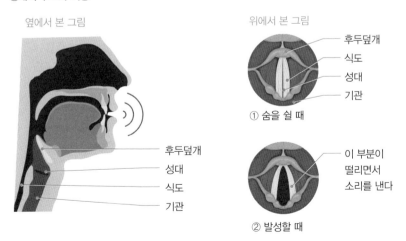

옆에서 본 그림

후두덮개
성대
식도
기관

위에서 본 그림

후두덮개
식도
성대
기관
① 숨을 쉴 때

이 부분이 떨리면서 소리를 낸다
② 발성할 때

가 다 다른 이유는 성대의 진동, 발성 시 근육의 움직임, 각 기관의 모양이 다르기 때문이다.

나가는 말

　나와 말이 잘 통하고 마음이 잘 맞는 사람과는 좋은 관계로 오래 이어진다. 이 책을 함께 집필한 저자 5인 역시도 마찬가지다. 우리는 같은 방송사에서 만난 동료이자 선후배 아나운서, 방송인들이다. 방송이라는 공동 관심사는 물론이고 인생의 방향성과 철학이 비슷했기에 유난히 말이 잘 통했다. 치열한 방송 현장에서 만난 우리는 서로를 감사한 존재로 귀하게 여겼다.

　기술이 발달할수록 소통 능력은 더욱 요구된다. 서로의 다름을 인정하고 수용하는 일은 말처럼 쉽지 않다. 소비하는 감정의 줄다리기로 피곤한 관계를 유지하고 있다면 기술적으로 말만 잘하는 것이 아니라 서로의 마음을 나눌 수 있는 소통 능력에 대해 고민해 봤으면 한다.

　많은 사람이 이 책을 통해 말 고민을 덜 하게 됐으면 좋겠고, 말 연습을 가까이했으면 좋겠다. 그렇게 변화 성장한 말을 통해 언제 어디서든 인정받고, 말로써 교감하며 메마른 마음을 충만함으로 채웠으면 좋겠다.
　말 공부에는 왕도가 없다. 이 책의 마지막 페이지를 넘기고 난 뒤에도 수시로 책의 첫 페이지를 다시 펴는 분들이 많이 계셨으면 한다. 더불어 기술적인 말의 요령에서 그치지 않고 너그럽게 귀를 열어 마음으로 상대를 품어주면 마음이 기우는 잘 말하는 분들이 많아졌으면 참 좋겠다. 끝이 보이지 않는 코로나 시대, 우리의 말 한 마디가 주변을 밝히는 빛이 될 것이라 믿는다. 잘 말하고자 노력하는 사람들의 모습에서 희망을 본다.

마지막으로 집필에 함께 참여한 저자 5인에게 하고 싶은 말이 있다. 일로 만난 우리, 그러나 늘 존재만으로도 서로에게 든든하고 큰 힘이 되어주는, 말을 아주 예쁘게 하는 우리가 참 좋고 감사하다.

저자 일동

참고문헌

도서

《사람들 앞에 서면 나는 왜 작아질까》 크리스토프 앙드레, 파트릭 레제롱 (민음인, 2014)
《불안과의 싸움》 앨버트 엘리스 (북섬, 2009)
《아주 사소한 몸짓의 힘》 신경원 (북카라반, 2019)
《검은 심리학》 마르코사 (그리고책, 2015)
《불안한 마음을 잠재우는 법》 하주원 (빌리버튼, 2020)
《나는 왜 남들 앞에만 서면 떨릴까?》 윤닥 (올림, 2019)
《FBI 행동의 심리학》 조 내버로·마빈 칼린스, 박정길 옮김 (리더스북, 2010)
《FBI 관찰의 기술》 조 내버로, 김수민 옮김 (리더스북, 2019)
《말주변이 없어도 호감을 사는 사람들의 비밀》 허행량 (알키, 2018)
《상식으로 보는 세상의 법칙:심리편》 이동귀 (21세기북스, 2016)
《커뮤니케이션》 오미영 (커뮤니케이션북스, 2013)
《표정의 심리학》 폴 에크만, 허우성·허주형 옮김 (바다출판사, 2020)
《넥타이를 맨 인류학자》 데이비드 기번스, 황의선 옮김 (크레파스북, 2020)

온라인

나를 비워야 남이 들린다… 세종의 소통
https://www.donga.com/news/Opinion/article/all/20200426/100814045/1

[더, 오래] 박혜은의 님과 남(4) '聽(청)'과 '聞(문)'의 차이
https://news.joins.com/article/21888786

조선의 발명왕, 장영실
https://terms.naver.com/entry.nhn?cid=58584&docId=3581331&categoryId=58730

질문도 안 하고 교수와 눈도 안 맞추고… 학생은 교수 탓, 교수는 학생 탓한다는데
https://www.chosun.com/site/data/html_dir/2014/11/08/2014110801069.html

"전화보다 메신저가 편해"… 성인 2명 중 1명, '콜 포비아' 겪어
http://edu.donga.com/forwarding.php?num=20201014083017487178

[커버스토리] 왜? 우리는 질문을 잃어버렸을까
http://weekly.chosun.com/client/news/viw.asp?ctcd=c02&nNewsNumb=002381100001

한국적 집단주의
https://terms.naver.com/entry.naver?cid=47331&docId=2060498&categoryId=47331

[인터뷰+] 아마존이 끝내 정복 못 한 곳에서 일낸 김슬아 마켓컬리 대표
https://www.hankyung.com/economy/article/201712298509